KB244659

미루기의 기술

THE ART OF PROCRASTINATION:

A Guide to Effective Dawdling, Lollygagging and Postponing

by John Perry

Copyright © 2012 by John Perry

Korean translation copyright © Book21 Publishing Group, 2013

All rights reserved.

This Korean edition published by arrangement with John Perry c/o The Karpfinger Agency,

New York, through Duran Kim Agency, Seoul

이 책의 한국어판 저작권은 듀란킴 저작권 에이전시를 통해

저작권자와 독점 계약한 ㈜북이십일에 있습니다.

저작권법에 의해 한국 내에서 보호를 받는 저작물이므로 무단 전재와 무단 복제를 금합니다

늑장부리고 빈둥거리고
게으름 피우면서도
효율적인 사람이 되는 법

미루기의 기술

THE ART OF PROCRASTINATION

존 페리 지음 | 강유리 옮김

21세기북스

"모레 할 수 있는 일을 내일로 미루지 말라."

|

마크 트웨인

●차 례●

머리말

미루기의 모순

인간은 본래 합리적인 동물이다. 사고력은 인간을 다른 동물과 차별화하는 요소이므로, 행동하기 전에 깊이 생각하고 그 숙고에 따라 가능한 한 최상의 행동을 하는 것이 당연해 보인다. 그러나 플라톤과 아리스토텔레스는 이 이상理想을 깊이 탐구한 끝에 거기 부합하지 않는 철학적 결함을 발견했다. '아크라시아 akrasia', 즉 스스로 최선이라 생각하며 내린 판단과 반대로 행동하는 경우를 보았던 것이다.

　인간이 신중한 사고를 바탕으로 행동하고 무엇이 최선인지를 계산하는 합리적인 존재라는 개념은 고대로부터 이어져 내려왔다. 경제학과 같이 수학적 요소가 두드러지는 사회과학 분야는 인간이 자신의 중요한 욕구를 충족시킬 가능성이 가장 높은 행동에 근거해 선택을 내리는 합리적인 동물이라는 신념이 근본을 이룬다. 하지만 심리학이나 사회학과 같은 다른 사회과학 분야에서는 인간은 전혀 그렇게 행동하는 존재가 아니라는 증거가 무수히 드러나고 있으니 조금 이상하지 않은가?

　나는 사실 이러한 합리성, 혹은 스스로 최선이라 생각하는 행동을 하거나 욕구를 충족시킬 가능성이 가장 높은 행동을 하는 행위에 대해 아무런 반감이 없다. 나는 다양한 상황에서 이 합리성 추구라는 전략을 시도해 보았고, 이따금 바람직한 결과를 얻기도 했다. 그러나 '합리적 행위자'라는 이상은 여러 가지 쓸데없는 불행의 원인이라고 생각한다. 많은 사람들이 합리적으로 움직이지 않을뿐더러, 나도 분명히 합리적으로만 행동하지 않는다. 그리고 우리의 일반적인 행동 방식도 살아가는 데 아무런 문제가 없으므로, 부끄러움과 절망에 고개를 떨어뜨려야 할 이유가 전혀 없다.

내 경우, 이 이상의 결함이 가장 확실하게 드러나는 부분은 바로 미루기 습관이다. 1995년에 나는 몰두했어야 할 연구 과제에 집중하지 않으면서 찜찜한 기분을 느끼기 시작했다. 그러다 문득 알게 되었다. 전반적으로 나는 많은 일을 해낼 뿐만 아니라 내가 일하던 스탠포드 대학교나 내 전공 분야인 철학 학

계에 합당히 기여하는 사람이라는 평판까지 얻고 있다는 사실
을 말이다. 이것은 모순이었다. 중요한 연구 과제에 착수하는 대
신 나는 이 수수께끼에 대해 생각하기 시작했다. 그리고는 내가
이른바 '체계적인 미루기쟁이'라는 사실을 깨달았다. 다른 일을
하지 않음으로써 많은 일을 해내는 사람이라는 뜻이다. 나는 이
책의 첫 번째 장이 된 짤막한 글을 썼고 즉시 스스로에 대한 자
부심을 되찾았다.

　이 글은 이후에 〈고등교육 신문_The Chronicle of Higher Education_〉과
유머 과학잡지 〈황당무계 연구 연보_Annals of Improbable Research_〉에 실
렸고, 나는 그것을 스탠포드 웹페이지에 올렸다. 많은 사람들이
의아해할 수도 있지만 나는 철학 교수다. 이제까지 20여 편의
논문과 대여섯 권의 책을 썼다. 내 생각에 이 논문과 책은 깊은

통찰, 심오한 지혜, 똑소리 나는 분석을 가득 담고 있으며 자유 의지에서부터 개인의 정체성, 의미의 본질에 이르기까지 온갖 흥미로운 내용에 관한 이해의 지평을 넓혀 준다. 우리 부모님은 돌아가셨으니, 철학 분야에서의 내 업적을 이렇게까지 높이 평가할 사람은 나밖에 없을지도 모른다. 하지만 일단 교수진의 한 명으로서 스탠포드 대학교 뒷문을 통과한 뒤(학부생이나 대학원생으로는 절대 입학 허가를 받지 못했을 테니까), 그간 내놓은 연구 성과는 내가 철학 선생 자리를 부지할 수 있도록 해주었다. 그러니 내가 완전히 엉터리는 아닌 게 틀림없다.

하지만 내가 지금까지 썼던 그 어떤 글도 체계적인 미루기에 관한 이 짤막한 글만큼 많은 사람들에게 읽히고, (적어도 본인들이 증언한 바에 따르면) 많은 이들에게 도움을 주고,

오래오래 기쁨을 선사하지는 못했다. 여러 해 동안 구글에서 'procrastination'을 검색하면 그 글이 제일 위에 올라왔다. '체계적인 미루기'라는 글자가 적힌 티셔츠를 판매하기 위해 내가 그 글을 스탠포드 웹페이지에서 개인 웹사이트www.structuredprocrastination.com로 옮기자, 순위가 약간 떨어지는가 싶더니 다시 올라서 이제는 미루기에 관한 위키피디아 항목으로부터 그리 멀지 않은 곳에 등장한다. 매달 나는 독자들로부터 10여 통의 이메일을 받는다. 대부분 긍정적인 내용이고, 몇몇 사람들은 그 글이 엄청난 영향을 끼쳤다고 이야기한다. 예를 하나 들어 보면 아래와 같다.

존 교수님께

체계적인 미루기에 관한 교수님의 글은 방금 제 인생을 바꾸어 놓았습니다. 벌써 저는 제가 꽤 괜찮은 사람이라고 생각하게 되었습니다. 지난 몇 개월 동안은 수천 가지 일들을 해내면서도 그것이 우선순위 목록 상단에 올라 있는 정말 중요한 일이 아니라는 사실에 줄곧 끔찍한 기분이었습니다. 하지만 이제는 제 머리 위에 자리 잡고 있던 죄책감과 부끄러움의 소나기구름이 걷히고 있습니다……. 감사합니다.

가장 마음에 들었던 이메일은 평생을 미루기쟁이로 살아온 한 여성이 보낸 것이었다. 그분은 자신이 미루기쟁이라는 사실에 늘 비참한 기분이 들었다고 밝혔다. 가장 큰 원인은 그런 성

격상의 결함 때문에 항상 들어야 했던 남동생의 잔소리였다. 그
러나 내 글 덕분에 이분은 고개를 똑바로 들 수 있게 되었고 자
신이 일을 미루긴 해도 많은 양의 일을 마칠 수 있는 가치 있는
인간이라는 사실을 비로소 깨달았다고 말했다. 내 글을 읽은 후,
난생처음으로 남동생에게 입 다물고 꺼지라고 말할 용기를 낼
수 있었다고 한다. 편지 말미에는 "참, 제 나이는 올해로 일흔두
살입니다"라고 적혀 있었다.

여러 해 동안 나는 그 글에 살을 붙여 봐야겠다고 생각했지
만 성격이 성격인지라 계속 미루기만 했다. 독자들이 보내오는
이메일을 읽고 나 자신을 되돌아보고 많은 생각과 약간의 독서
를 하면서, 점차 나는 체계적인 미루기의 개념을 제대로 파악하
는 것이야말로 나와 같은 수많은 미루기쟁이들에게 도움을 줄

수 있는 프로그램의 첫 단계임을 깨닫게 되었다. 신기하게도 일단 스스로가 체계적인 미루기쟁이임을 깨닫고 나면 자부심이 생길 뿐만 아니라 실제로 일을 해내는 능력도 어느 정도 개선되는 면이 있다. 왜냐하면 죄책감과 절망의 구름이 걷힌 뒤에는 무엇이 일의 진척을 방해하는지를 좀 더 명확히 이해할 수 있기 때문이다.

따라서 이 책은 우울한 미루기쟁이를 위한 일종의 철학적 자기 계발 프로그램이다. 솔직히 말해 프로그램이라 부르기는 조금 거창하다. 일단은 미루기쟁이들이 취할 수 있는 몇 가지 유용한 조치들을 소개하는 것으로 시작하겠다. 그다음에는 도움이 될 만한 아이디어, 일화, 제안들을 제시할 것이다. 아울러 많은 미루기쟁이들을 궁지로 몰고 가는 수직적 조직화의 문제점에 대해 이야기할 것이다.

모든 사람들이 미루기쟁이는 아니고 체계적인 미루기의 전략을 안다고 해서 모든 미루기쟁이가 도움을 받을 수 있는 것도 아니다. 가벼운 철학서를 읽는다고 해결될 수준이 아니라, 진지한 치료가 필요한 좀 더 깊은 문제점이 미루기라는 형태로 발현되기도 하기 때문이다. 그래도 내 이메일의 받은 편지함을 기준으로 삼는다면 많은 사람들이 이 책의 내용에 공감하고 그 결과 스스로에 대한 자부심을 되찾게 될 것임을 확신한다. 아크라시아, 수평적 조직화, 과업 분류, 우괄호 결핍 장애 등 자기 자신을 표현할 때 써먹을 수 있는 근사한 개념과 단어를 익히게 되는 것도 부수적인 즐거움임은 두말할 필요가 없다.

체계적인
미루기

Structured Procrastination

내가 이 글을 쓰기로 마음먹은 것은 벌써 여러 달 전의 일이었다. 그런데 왜 이제야 쓰고 있냐고? 마침내 짬이 난 거냐고? 아니다. 나는 지금 답안지 채점도 해야 하고 교재 주문서도 작성해야 하고 미 국립과학재단 제안서도 심사해야 하며 학위논문 초안도 읽어야 한다. 이 모든 일들을 하지 않기 위한 방편으로써 나는 이 글을 쓰고 있는 것이다. 이것이 바로 '체계적인 미루기structured procrastination'의 핵심이다. 내가 발견한 이 놀라운 전략은 미루기쟁이를 효율적인 인간으로 탈바꿈시킨다. 성취해

낸 온갖 업적과 훌륭한 시간 활용 방식 때문에 높은 평가와 존
경을 받는 사람으로 말이다.

(혹은 내가 재발견했다고 말하는 편이 옳겠다. 1930년에 로
버트 벤츨리Robert Benchley는 〈시카고 트리뷴〉지에 '일을 해치우
는 방법How to Get Things Done'이라는 제목의 칼럼을 썼다. 이 칼럼에
서 그는 "누구든 그 순간 원래 하기로 되어 있는 일만 아니라면
무슨 일이든 할 수 있다"고 말했다. 이 인용문으로 미루어 보아
벤츨리는 기본 원리를 알고 있었다. 그리고 그와 같은 체계적인
미루기쟁이인 다른 저명한 사상가들도 동일한 원리를 간파했던
것으로 보인다. 언젠가 나는 이 부분에 대한 심층 연구를 진행
할 생각이다.)

모든 미루기쟁이는 자신이 해야 할 일을 미룬다. 체계적인

미루기는 이 부정적인 특성을 자신에게 유리한 쪽으로 활용하는 기술이다. 미루기가 곧 무위도식을 의미하지 않는다는 게 핵심이다. 미루기쟁이가 아무것도 하지 않는 경우는 매우 드물다. 그들은 정원을 가꾼다든지, 연필을 깎는다든지, 짬이 나면 파일을 재정리할 방법을 도표로 그려보는 등 조금은 의미 있는 일들을 한다. 미루기쟁이는 왜 이렇게 행동할까? 그것이 더 중요한 일들을 하지 않을 방편이 되기 때문이다. 연필을 몇 자루 깎는 것 말고는 할 일이 아무것도 없다 하더라도, 미루기쟁이는 절대 스스로 연필을 깎으려 들지 않을 것이다. 그러나 이런 일들이 더 중요한 다른 일을 하지 않을 방편이 된다면 미루기쟁이는 어렵고 중요한 과제들을 때맞춰 수행할 의욕을 느끼게 된다.

체계적인 미루기란 이 같은 사실을 역이용해 해야 할 일들의 체계를 잡아 주는 걸 의미한다. 당신은 머릿속으로, 혹은 어딘가 메모지에라도 성취하고 싶은 일들을 중요한 순서대로 정리해 두고 있을 것이다. 우선순위 목록이라고 불러도 좋을 듯하다. 가장 긴급하고 중요해 보이는 일들이 위쪽에 있다. 그러나 목록 아래쪽에도 수행할 만한 가치가 있는 일들은 있다. 이런 일들을 하는 것은 목록 상단의 일들을 하지 않을 방편이 된다. 이렇게 적절한 과제 구조화를 통해 미루기쟁이는 유능한 사람으로 거듭난다. 오히려 미루기쟁이는 내 경우처럼 일을 많이 해내는 사람이라는 평판을 얻기도 한다.

아내와 함께 스탠포드 대학교의 기숙사인 소토 하우스에서 상주 연구원으로 근무하던 시절, 나는 체계적인 미루기를 위한 최적의 환경을 경험한 적이 있다. 채점할 답안지, 강의 준비, 위

원회 업무가 잔뜩 밀려 있는 저녁이면 나는 사택을 나와 바로 옆 기숙사로 가서 학생 휴게실을 한 바퀴 둘러보고 학생들과 탁구를 치거나, 학생들 방에서 함께 이야기를 나누거나, 그냥 자리에 앉아 신문을 읽다 오곤 했다. 나는 훌륭한 상주 연구원이라는 명성을 얻었을 뿐만 아니라, 학부생들과 시간을 보내고 실제로 그들을 아는 캠퍼스 내의 보기 드문 교수가 되었다. 더 중요한 일을 하지 않는 방편으로 탁구도 치고 '미스터 칩스(Mr. Chips; 1934년 제임스 힐턴의 소설 『굿바이 미스터 칩스*Goodbye, Mr. Chips*』에서 특유의 친화력으로 학생들의 사랑을 한 몸에 받은 주인공 교사의 별명으로, 영미권 학생들 사이에서 인기가 좋은 인간적인 선생을 뜻함—역주)'라는 애칭도 얻다니, 이 얼마나 멋진 상황인가!

미루기쟁이들은 보통 이와 정반대로 행동한다. 해야 할 일이 몇 가지밖에 없으면 늑장 부리기를 멈추고 그걸 후딱 해치울 거라 생각해, 할 일의 개수를 줄이려고만 애쓰는 것이다. 그러나 이것은 미루기쟁이의 기본적인 천성과 부합하지도 않을뿐더러, 오히려 그 사람에게 가장 중요한 동기부여 요인을 없애 버리는 행위다. 목록에 남은 그 몇 가지 할 일들은 당연히 가장 중요한 일일 터이고, 그걸 하지 않을 유일한 방법은 아무 일도 하지 않는 것이다. 그러다가는 효율적인 인간은커녕 하루 종일 방바닥에 뒹굴며 TV만 보는 인간이 되고 만다.

지금쯤 당신은 이렇게 질문할 수도 있겠다. "그럼 목록 제일 위에, 절대 하지 않고 계속 미루기만 하는 중요한 일들은 어떻게 되는 거죠?" 여기에 문제의 소지가 있음을 나도 인정한다.

이럴 땐 목록 상단에 적합한 종류의 할 일을 선택해 올리는 게 요령이다. 상단에 올리기 적합한 일은 두 가지 특징이 있다. 첫째, 명확한 기한이 있는 것처럼 보인다(하지만 실제로는 그렇지 않다). 둘째, 엄청나게 중요해 보인다(하지만 실제로는 그렇지 않다). 다행히도 인생에는 그런 일들이 대단히 많다. 대학교에서는 상당수의 일들이 이 범주에 속하는데, 대규모 조직이라면 어디나 마찬가지일 거라 생각한다. 지금 이 순간 나의 할 일 목록 상단에 올라 있는 항목을 예로 들어 보자. 언어철학 관련 학술지에 올릴 논문 마무리하기. 원래는 11개월 전에 끝냈어야 할 일이다. 나는 그 작업을 하지 않으려는 핑계로 엄청난 개수의 다른 중요한 일들을 끝마쳤다. 몇 달 전 슬그머니 죄책감이 들기에, 작업이 늦어져서 미안하다는 말과 함께 집필에 착수하겠다는 내 의지가 변치 않았음을 알리는 편지를 한 통 써서 편집자에게 보냈다. 물론 그 편지를 쓴 건 논문을 쓰지 않기 위한 방편이었다. 나중에 알고 보니 다른 저자들에 비해 내가 많이 뒤쳐진 것도 아니었다. 그리고 애당초 이 논문이 뭐 그리 대수인가? 어느 시점에 이보다 더 중요해 보이는 일이 절대 나타나지 않을 정도로 중요하지는 않다.

또 하나의 사례는 교재 주문서 작성 건이다. 원래는 6월쯤 이걸 작성해야 한다. 10월부터는 인식론 수업이 예정되어 있다. 서점에 교재 주문서를 전달해야 할 시점은 이미 지나가 버렸다.

우리는 마감 시한이 촉박한 일을 중요한 일로 간주하기가 쉽다. (부지런쟁이들의 이해를 돕기 위해 한 가지 짚고 넘어가자면 마감 시한이 정말 촉박하게 느껴지는 건 정해진 날짜가 1-2주쯤 지난 뒤부터다.) 나는 학과 비서로부터 거의 매일같이 독촉을 받고 학생들은 수시로 다음 학기 교재가 뭐냐고 물어보지만 아직 작성하지 않은 주문서는 내 책상 한가운데 빈 감자칩 봉지 바로 밑에 깔려 있다. 이 일은 내 할 일 목록의 최상단 근처에 위치해 있다. 이 눈엣가시를 피하고픈 마음의 반대급부로, 나는 유익하지만 겉보기에 덜 중요해 보이는 다른 일들을 하고 싶은 의욕을 느낀다. 어차피 서점은 부지런한 사람들이 일찌감치 제출해 놓은 주문서들로 눈코 뜰 새가 없다. 한여름까지만 주문서를 보내도 아무 문제없을 것이다. 항상 그래 왔듯이 나는 효율적으로 돌아가는 출판사의 유명 교재를 주문할 것이다. 그리고 보나마나 지금부터 8월 초 사이에 더 중요한 다른 일들이 밀려들 것이고, 8월 초가 되어서야 비로소 이 새로 들어온 일을 하지 않을 방편으로 주문서를 작성해야겠다는 생각이 자연스럽게 생길 것이다.

예리한 독자라면 지금쯤 체계적인 미루기란 어느 정도의 자기기만self-deception과 동일한 맥락임을 눈치챘으리라. 왜냐하면 사실상 자기 자신에게 계속해서 피라미드식 사기를 치는 것과 다를 바가 없기 때문이다. 바로 그거다. 중요성이 부풀려지고 마감 시한이 현실적이지 않은 일이 무엇인지 파악해서 거기 몰두하는 한편, 본인은 그게 중요하고 긴급한 일이라고 착각할 수 있어야 한다. 이것은 하나도 어려울 게 없다. 미루기쟁이들은 십중팔구 자기기만 능력이 뛰어난 존재들이니까. 그리고 성격상의 결함을 역이용해서 그에 따른 부정적인 영향을 상쇄할 수 있다면 이보다 더 바람직한 일이 어디 있겠는가?

미루기와
완벽주의

Procrastination and Perfectionism

이제 1장을 읽었으니 당신은 일을 미루긴 해도 가치 있는 일들을 많이 해내는 체계적인 미루기쟁이라는 사실을 깨닫고 스스로에 대한 경멸을 중단했을 것이다. 그래도 조금은 일을 덜미루는 방법이 뭔가 있지 않을까 궁금히 여기고 있을 분들을 위해, 다음 두어 장에 걸쳐 상황에 맞게 적용하면 도움이 될 만한아이디어를 몇 가지 소개하려고 한다.

체계적인 미루기에 관한 내 글을 읽은 어느 독자가 흥미롭고 통찰력 있는 이메일을 한 통 보내왔다. 이 여성('이멜다 여사'라 부르기로 하자)은 자동차 기어의 가죽 커버를 생산하는 회사를 경영하면서 동시에 소설을 집필 중이었다. 편지 내용은 다음과 같다.

> 교수님의 글에 감사를 드리고 싶었습니다. 약혼자와 저는 미루기쟁이입니다. 약혼자가 보내 준 교수님의 글을 읽고, 그 내용이 너무나 친숙해서 놀라지 않을 수가 없었죠.
>
> 그동안 수많은 프로젝트를 실행에 옮길 수 없었거나 실행하지 않기로 선택한 저 자신으로 인해 얼마나 많은 죄책감과 정서적 자기 학대에 시달렸는지 모릅니다. 일을 실행하고 완수할 능력이 충분히 있음을 알고 있는데도 어떤 이유로든 하지 않기로 선택했기 때문입니다. 저는 이것이 실패에 대한 두

려움 때문이라고 생각했습니다. 저 자신의 엄격한 심사 잣대가 적용될 게 틀림없는 프로젝트의 경우, 차라리 끝을 맺지 않는다면 스스로 퇴짜를 놓고 실패를 확정짓는 괴로움을 겪을 일이 없음을 알았던 거죠. 완벽주의자인 저의 눈높이를 통과하기란 무척 어려운 일이거든요.

저는 3부작 소설을 아직 마무리하지 못했고, 자동차 기어의 가죽 커버를 생산하는 자그마한 회사를 운영한다면서 여태 주문서도 작성하지 않은 데다가, 데모 음반은 시작도 끝도 제대로 내지 못한 채 뭉개고 있고, 만화부터 수많은 그림과 스케치까지 미처 손도 못 댄 일이 허다합니다. 물론 그림붓을 정리해서 깨끗이 씻어 놓거나, 아직 만들지도 않은 음악 파일의 저장 공간을 마련한답시고 컴퓨터를 정리하거나, 장을 나누고 등장인물의 성격과 줄거리를 요약하는 일 정도는 합니다. 그러면 실제 작업에 착수하는 순간에 조금 더 가까이 다가선 듯한 느낌이 들거든요. 심지어 전도유망한 밴드 몇 군데에 편지를 써서 제가 데모 작업을 진행 중이라고 통보해 놓은 적도 있습니다. 그럼으로써 어떤 목표 의식이랄까, 끝마쳐야 할 실제 날짜가 저에게 주어지리라는 생각에서였죠. 하지만 정작 저에 대한 기대감과 데모를 들어보고 싶다는 열의를 표한 답장을 받아 들자, 작업 시작과 차후의 거절에 대한 두려움은 더 커지기만 했습니다.

워낙에 지독한 미루기쟁이인 저는 남에게 실망을 줄 것을 알기에 진행 중인 일에 관해 그 누구에게도 장담을 하지 않습니다. 그래야만 제가 중요한 목표에서 시시때때로 일탈해 덜 중요한 목표에만 골몰하더라도 혼자 실망하는 것으로 끝나니까요. 교수님의 이야기는 제가 일을 하는 방식과 너무나 비슷했습니다. 저 말고 다른 사람도 그럴 수 있다는 사실에 저는 놀라서 그저 어안이 벙벙해졌어요. 제게는 그 어떤 동기부여 전문가도 가져다주지 못했던 자기이해self-understanding의 순간이었습니다.

정말 감사합니다.

이멜다

이멜다 여사는 자신이 완벽주의자임을 간파하고 있다는 점에서 통찰력 있는 미루기쟁이라 할 수 있다. 하지만 미루기쟁이와 완벽주의자 중 어느 쪽이 먼저일까? 나는 완벽주의가 미루기로 이어진다고 생각한다. 내가 둘 사이의 연관성을 진작 발견하지 못한 이유는 나 자신을 완벽주의자로 여기지 않기 때문이다. 아무것도 완벽하게, 혹은 완벽에 가깝게 해낸 적이 없다는 이유만으로, 자신이 완벽주의자임을 깨닫지 못하는 미루기쟁이들이 많다. 우리 미루기쟁이들은 남들에게서 완벽하게 일을 했다는 칭찬을 들은 적도 없고, 스스로 완벽하게 일을 했다고 느껴 본 적도 없다. 우리는 완벽주의자라고 하면 자주, 혹은 가끔, 아니면 단 한 번이라도 어떤 과제를 완벽하게 끝마치는 사람을 가리킨다고 잘못 생각한다. 하지만 이것은 완벽주의의 기초 역학에 대한 오해다.

내가 말하는 종류의 완벽주의는 현실이 아닌 환상이다. 내 경우를 예로 들어 보겠다. 누군가 나에게 무슨 일을 해 달라고

부탁한다. 가령 출판사 담당자가 접수된 원고를 심사해 달라고
했다 치자. 그 원고가 출판할 만한 가치가 있는지, 그리고 만약
출판 가치가 있다면 어떻게 내용을 개선해야 좋을지 의견을 제
시해 주는 일이다. 나는 그 일을 수락하기로 마음먹는다. 출판사
측에서 공짜로 책을 몇 권 주기로 약속했고, 그 책을 손에 넣게
되면 어떻게든 읽지 않을까 싶은 마음에서였으리라.

그 순간 나의 환상이 시작된다. 나는 세상에서 가장 훌륭한
심사 보고서를 쓰고 있는 자신의 모습을 상상한다. 상상 속의
나는 원고를 더할 나위 없이 꼼꼼히 읽은 다음, 저자의 글을 대
폭 개선하는 데 도움이 될 평가 내용을 적는다. 상상 속의 출판
사 담당자는 내 보고서를 받아 들더니 "와, 이렇게 훌륭한 심사
보고서는 생전 처음 읽어 보네요"라며 감탄한다. 상상 속의 내

보고서는 완벽하게 정확하고, 완벽하게 타당하며, 저자와 출판사 양쪽 모두에게 엄청난 도움이 된다.

　나는 왜 그런 환상을 꿈꾸는 것일까? 누가 알겠나. 혹시 정신과 의사라면 알지도. 내가 어린 시절에 아버지께 칭찬을 많이 못 받아서 그런 것일 수도 있고, 반대로 어쩌다 한 번 무슨 일을 나무랄 데 없이 잘 해냈을 때 엄청난 칭찬을 들어서 그런 것일 수도 있고, 아니면 그런 환상은 그냥 유전일 수도 있다. 하지만 이 책은 심리치료서가 아니라 단계별 프로그램을 소개하는 실용서임을 명심하자(1단계는 앞 장「체계적인 미루기」를 읽는 것이다. 이번 장이 2단계다. 단계가 또 만들어지면 만들어지는 대로 이어지는 장에서 소개하도록 하겠다). 그러니까 나나 당신이 왜 그런 환상을 꿈꾸는지 그 원인에 대해서는 신경 쓰지 말기로 하자. 요점은 당신이 미루기쟁이라면 머릿속에 위 내용과 비슷한 생각이 지나가고 있다는 사실이다.

이것은 상대적인 의미에서의 완벽주의다. 어떤 일을 실제로 완벽하게 혹은 완벽에 가깝게 해낸다는 뜻이 아니다. 그보다 자신이 수락한 일을 이용해 일을 완벽하게, 아주 잘 해낸다는 환상을 채우는 걸 의미한다.

완벽함에 대한 환상이 어떻게 미루기를 부추기느냐고? 뭐든지 완벽하게 한다는 건 쉽지 않다. (적어도 내 경우에는 그렇다. 언젠가 무얼 완벽하게 해내는 날이 온다면 그때는 또 다른 이야기가 되겠지만.) 아마도 시간이 필요할 것이다. 그리고 적절한 조건도 필요하다. 다른 건 몰라도 이 원고를 심사하려면 나는 일단 꼼꼼히 읽어야 한다. 그러려면 몇 시간은 족히 걸릴 것이다. 나는 원고 자체만이 아니라 저자가 인용한 자료도 좀 읽어서 그가 쓴 내용이 정확하고 타당한지 확인하고 싶다. 존경하는 철학가들이 쓴 서평을 읽어보면 그분들도 꼭 그렇게 하니까. 그건 아주 근사해 보인다. 이 작업을 제대로 하려면 도서관에 가야 한다. 그런데 사실 요즘 같은 세상에서는 도서관에 갈 필요가 없다. 인터넷에서 이런 자료를 많이 찾을 수 있기 때문이다. 방법을 안다면 말이다. 안타깝게도 나는 방법을 모른다. 다만 'JSTOR'라는 시스템을 통해 수많은 학술 저널에 온라인으로 접근할 수 있다는 건 알고 있다. 스탠포드 교직원은 도서관 망을 통해 이 시스템에 접근이 가능하다. 하지만 집에서도 접근할 수 있다면 정말 멋질 것이다. 밤늦게까지 이 원고 심사 작업을 하게 될 수도 있으니 말이다. 집에서 JSTOR에 접근하려면 프록시 서버라는 걸 설정해야 한다. 그 방법을 알아보는 게 좋겠다.

몇 시간 뒤 나는 프록시 서버 설정 작업을 끝냈다. 내가 작업을 끝낸 이유는 아마도 그냥 포기해서였을 가능성이 높다. 매번 컴퓨터에서 뭔가를 설정한다고 해 놓아도 제대로 작동하지 않거나 텅 빈 화면이 뜨는 게 다반사다. 그러나 어쨌든 이번에는 프록시 서버가 제대로 돌아가게 만드는 데 성공했다고 치자. 그러고 나서도 나는 아마 원고 심사 작업을 시작하지 않을 것이다. 실제로 책을 읽고 그에 대한 의견을 종합하기에 충분한 시간이 지난 뒤에도 그 작업을 마치기는커녕 시작도 안 했을 가능성이 높다. 나는 얼간이가 된 것 같은 기분을 느낄 테고 얼간이 소리를 들어도 딱히 할 말은 없다.

그다음엔 어떻게 되냐고? 나는 다른 일들에 정신이 팔린다.

이후에 들어온 메모, 우편물, 빈 감자칩 봉지, 파일 더미, 그리
고 책상에 쌓아 놓은 잡동사니 아래로 원고는 서서히 자취를 감
출 것이다. (6장 「수평형 정리자의 항변」 참고.) 그러고 나서 한 6주
뒤 나는 언제쯤 보고서를 받아 볼 수 있는지 묻는 출판사 담당
자의 이메일을 받는다. 만약 전에도 나를 상대해 본 담당자라면
이 이메일은 내가 보고서를 넘기기로 약속한 시점보다 약간 미
리 도착할 것이고, 처음이라면 마감일 며칠 뒤에 도착할 것이다.

그제야 나는 후다닥 행동을 개시한다. 내 머릿속 환상 구조
가 바뀌기 시작한다. 세계 최고의 심사 보고서를 작성하는 내
모습은 더 이상 없다. 대신 옥스퍼드 대학교 출판부의 뉴욕 지
사에서 근무하는 어느 여직원을 떠올린다. 상상 속의 그 여직원
은 내 보고서를 가져가기로 약속한 편집자 회의에 빈손으로 들

어간다. "죄송해요." 여직원은 사장에게 말한다. "제가 믿었던
이 스탠포드 교수님이 약속을 지키지 않으셨어요." "됐습니다.
내일부터 출근하지 마세요." "하지만 저는 아직 어린 세 아이
를 키워야 하고 남편은 병원에 입원해 있고 대출금도 갚아야 해
요." 여직원은 대답한다. "유감이지만 나도 출판사를 운영해야
하는 처지라서." 사장은 대꾸한다. 나는 상상 속에서 이 여직원
을 만난다. 날 움츠러들게 만드는 시선으로 그녀는 말한다. "교
수님 때문에 저는 직장을 잃었어요."

그리고 저자도 빼놓을 수 없다. 그의 종신 교수 임명 여부가
이 책의 출판 가능 여부에 달려 있을지 모른다. 어쩌면 엄청난
걸작일지도 모를 그 책이 내 책상 위에서 읽히지도 않은 채 뒹
굴고 있는 사이, 그의 인사 결정은 미결 상태로 남아 있다. 언젠

가 온 철학 학계는 존 페리가 원고를 읽어 주지 않아서 이 자격 있는 사람이 종신 재직권을 거절당했다며 수군거릴지 모른다. 아인슈타인의 초창기 원고가 물리학 학술지 편집자들에게 퇴짜를 맞았던 사건처럼 말이다. (이런 일이 진짜 있었는지는 잘 모르겠다. 전부터 자료를 찾아보려고 생각만 하다 여태 못하고 있다.)

이 시점에서 나는 책상 위의 파일, 잡지, 뜯지도 않은 우편물을 뒤적뒤적하다가 공포에 휩싸인다. 원고를 잃어버렸나? 출판사에다가 다시 보내 달라고 얘기해야 하나? 일전에 검토서와 함께 원고를 보냈다고 생각했는데 소매치기를 당한 서류가방 안에 들어 있었나 보다고 거짓말을 할까? 아, 찾았다. 그리고 몇 시간 동안 원고를 읽고 그럭저럭 괜찮은 보고서를 작성한 다음

얼른 발송한다.

이제 그동안 일어난 일을 분석해 보자. 우선, 나는 체계적인 미루기쟁이이기 때문에 여러 가지 다른 일들을 할 방편으로 심사 보고서를 이용했다. 예를 들면 나는 프록시 서버를 설정했다. 동료 교수가 어느 시점에 하소연하듯 말한다. "집에서 JSTOR에 접근을 하고 싶은데 프록시 서버가 설정돼 있지 않아." "아!" 나는 의기양양하게 외친다. "나는 몇 주 전에 설정해 놓았지. 아주 잘 돌아간다네." "자네는 대체 무슨 수로 그럴 시간까지 찾아내는 거야?" 동료 교수는 존경스럽다는 듯 묻는다. 대답 대신 나는 우쭐한 표정을 짓는다.

뿐만 아니라 일을 미룬 덕분에, 나는 완벽한 작업을 요하지 않는 일에 대해 완벽에 못 미치는 결과를 내도 괜찮다는 사실을 받아들일 수 있었다. 이론상 마감일이 아직 많이 남았을 때는 도서관에 가든 집에서 늦은 시각까지 일하든, 내가 이 책의 심사를 철저하고 전문적으로 완벽하게 해낼 시간이 충분했다. 그러나 마감일이 가까이 다가오자 완벽한 결과를 만들어 낼 시간이 더 이상 남아 있지 않았다. 완벽에 대한 환상은 완전한 실패에 대한 환상으로 대체되었다. 그러자 나는 마침내 작업에 착수했다.

결과적으로 모든 일은 잘 해결되었다. 나는 보고서를 마쳤고 지나치게 늦지 않았으며 편집자는 일자리를 지켰고 책을 출판하기로 결정했느냐 아니냐에 따라 저자도 종신 재직권을 받거나 못 받거나 했을 것이다. 보고서는 완벽하지 않았지만 지극히 괜찮은 수준이었다. 그러니 체계적인 미루기는 효과적인 방법인 것 같다.

그러나 여전히 그래도 더 잘 할 수는 없을까 의문은 남는다. 완벽주의의 환상이 불러오는 정신적 혼란과 모두의 시간 낭비를 피할 방법은 없는 걸까? 내가 곧바로 자리에 앉아서 네 시간이든 다섯 시간이든 원고를 읽었더라면 나 자신은 물론이거니와 출판사와 저자에게도 상황은 더 간단해졌을 것이다. 아예 처음부터 불완전한 결과를 내도 좋다고 내가 스스로에게 허락할 수 있었더라면 말이다. 그러기 위해 우리가 할 수 있는 일이 있을까?

나는 있다고 생각한다. 그러나 약간의 훈련이 필요하다. 대단한 건 아니다. 완벽주의의 환상을 제어하기 위해서는 이른바 '과업 분류task triage'를 해야 한다. 분류란 기본적으로 긴급성에 따른 정리를 의미한다. 일반적으로는 전쟁, 자연재해, 혼잡한 응급실에서 최초 대응 팀이 의사결정을 내리는 상황에서 쓰이는 말이다. 이들은 어떤 희생자가 가망이 없고, 누가 즉각적인 처치를 받을 경우 생존할 수 있으며, 안정을 취하게 했다가 나중에 치료해도 괜찮은 사람이 누구인지를 결정해야 한다. 이 책에서 이야기하고 있는 결정과 그렇게 높은 유사점은 없지만 나는 과업 분류라는 말을 좋아한다. 일을 거절하는 것은 그냥 죽게 내버려 두는 걸로 생각할 수 있다. 어떤 일은 나중까지 내버려 두어도 괜찮다. 그러나 지금 당장 달려들어 완벽하지는 않더라도 적절한 수준에서 마무리 짓기로 계획하는 것이 최선의 결과를 가져오는 일들도 많다.

이제부터는 일을 수락할 때 완벽에 못 미치는 결과를 냈을 경우의 비용과 편익을 따져 보는 습관을 기르도록 하자. 스스로 몇 가지 질문을 던져 보라. 이 일을 완벽하게 해내는 게 얼마나 유익한가? 단지 적절한 수준으로 일을 끝냈을 때보다 얼마나 더 유익한가? 그냥 아무렇게나 했을 경우와 비교하면 어떤가? 그리고 또 생각해 보아야 한다. 내가 정말로 이걸 완벽에 가깝게 해낼 수 있는 가능성은 얼마나 되는가? 그 일을 완벽하게 해내느냐 마느냐가 나와 다른 사람들에게 어떤 차이를 가져다줄 것인가?

많은 경우, 완벽에 못 미치는 결과물도 아무런 문제가 없다는 답이 나올 것이다. 게다가 내가 내놓을 결과물은 완벽에 못 미칠 게 틀림없다. 그래서 나는 정해진 기한이 지나가도록 미루는 대신, 완벽에 못 미치는 결과를 내도 괜찮다고 스스로 허락

한다. 그 의미는 내가 지금 그 일에 착수하는 게 좋겠다는 이야

기다. (아니면 못해도 내일은 시작해야겠지.)

할 일 목록

To-Do Lists

　당신이 체계적인 미루기쟁이라면 머릿속으로 어렴풋이, 혹은 어딘가 메모지에라도 며칠, 몇 주, 몇 달, 심지어 몇 년 안에 해야 할 일들을 생각해 두거나 적어 두었을 가능성이 높다. 그리고 체계적인 미루기쟁이인 당신은 무엇보다 중요해 보이지만 실은 그렇게 중요하지 않은 일 때문에 겉보기에 덜 중요해 보이는 일에 먼저 매달리는 스타일일 것이 틀림없다. 그런 식으로 만들어진 당신의 우선순위 목록은 장기적인 것이어서, 거기 오르는 항목들은 하루, 한 주, 한 달 또는 그 이상이 걸릴 수도 있

고, 맨 위에 '중국어 배우기' 같은 항목이 올라가 있다면 평생이
걸릴 수도 있다.

이번 장에서는 그와 다른 종류의 목록에 대해 이야기하겠
다. 바로 매일매일의 할 일 목록이다. 많은 미루기쟁이들이 그
런 목록을 활용한다. 당신은 이 목록의 목적이 해야 할 일을 상
기하기 위해서라고 생각할지 모른다. 그리고 그런 방법으로 사
용해도 유용하긴 하다. 그러나 그것이 이 목록의 주된 목적은
아니다.

하루 단위 할 일 목록의 주된 기능은 일이 마무리되었을 때
목록에서 그걸 지워 나가는 쾌감을 미루기쟁이에게 맛보여 주
는 것이다. 항목 옆의 박스에 체크 표시를 하거나 과감하게 지
워 나가다 보면 심리적으로 약간 들뜨는 기분을 느끼게 된다.

게으른 굼벵이가 아닌 행동가, 성취가로서의 자기 이미지를 형성하는 데도 도움이 된다. 이는 우리에게 심리적 동기를 부여해준다.

컴퓨터를 이용해 할 일 목록을 만드는 것도 가능하다. 실제로 아웃룩이나 G메일, 레이지미터LazyMeter.com 등 다양한 프로그램과 웹사이트로 근사한 목록을 만들 수가 있다. 그러나 그런 것들은 당신이 체크 표시를 하는 순간 항목 자체가 사라져 버리기 때문에 아주 최상은 아니다. 할 일 위에 굵고 빨간 선이 그어지면서 승리를 축하하는 약간의 효과음이 수반된다면 훨씬 더 만족스럽겠지만 나는 아직 그런 프로그램을 찾지 못했다.

나는 잠자리에 들기 전 할 일 목록을 만들어서 알람시계 옆에 놔두려고 노력한다. 목록은 이렇게 시작된다.

1. 침대에서 일어난다.

2. 알람을 끈다.

3. 선잠 버튼(잠이 깬 뒤 조금 더 자기 위해 누르는 타이머 버튼-역주)을 누르지 않는다.

4. 다시 침대로 돌아가지 않는다.

5. 아래층으로 내려간다.

6. 커피를 내린다.

하루의 첫 커피 잔을 들고 자리에 앉을 무렵이면 나는 무려 6개 항목을 지울 수 있다. 이것은 기분 좋은 일이고 보기에도 근사하다. 성취의 하루가 순조롭게 시작된 것이다. 그러기 위해 따로 기억해야 할 것도 없다. 다만 잘 해냈다는 의미로 스스로 어깨를 토닥여 줄 무언가가 필요할 뿐이다. 그 '셀프 격려'를 받을 수 있는 유일한 방법은 완료한 일을 지워 나갈 수 있도록 할 일 목록을 만드는 것이다.

과제를 자잘한 단위로 나누어서 하나하나 성취할 때마다 스스로를 격려하는 시스템은 상당히 근거 있는 방법이다. 노자는 『도덕경道德經』에서 "작은 행동들로 큰일을 성취하라天下大事 必作於細"고 가르치고 있다. 나는 이 인용문을 로버트 마우어Robert Maurer의 책 『오늘의 한걸음이 1년 후 나를 바꾼다One Small Step Can Change Your Life. The Kaizen Way』에서 발견했다. 원제에 사용된 표현 '카이젠(改善·개선)'은 작고 실행 가능한 단계를 통해 지속적인 개선을 이루어 나가는 일본식 경영 철학을 가리킨다. 능장을 덜 부리기 위해 열심히 노력하고 있다고 말하지 않고 카이젠 기법을 도입했다고 말하면 주변 사람들에게는 굉장한 무술 권법이라도 전수받은 것처럼 근사하게 들릴 것이다. 은근히 멋지지 않은가?

크고 엄두가 나지 않는 일을 작고 감당할 수 있을 만한 단위로 잘게 쪼개는 방법은 체계적인 미루기 시스템이 실패할 경우(드물기는 하지만 끔찍한 결과가 나타날 수 있음)에 결정적인 역할을 한다. 어떤 이유로든, 당신이 다른 일들에 몰두하느라 미루어온 그 거대한 과업을 반드시 해결해야만 하는 시점이 닥칠 때 말이다. 소설가 앤 라모트Anne Lamott는 작가 지망생들을 위한 지침서 『글쓰기 수업Bird by Bird』에서 다음과 같은 일화를 들려주고 있다.

30년 전에 당시 10살이었던 우리 오빠는 3개월 동안 미뤄 오다 제출일이 다음 날로 닥친 새에 관한 보고서를 쓰느라 애를 먹고 있었다.…… 오빠는 식탁 위에 종이와 연필, 펼쳐 보지도 않은 새 관련 책들을 늘어놓고 감당해야 할 과제의 중압감을 못 이겨 엉엉 울기 일보직전이었다. 그때 아버지가 오빠 옆에 앉으시더니 어깨에 팔을 얹고 말씀하셨다. "애야, 한 마리씩 하거라, 한 마리씩. 그냥 한 마리씩 차근차근 하면 된단다."

과제의 규모가 크든 작든, 어쩌다 한 번 생기는 일이든 아니면 매일 반복적으로 되풀이되는 일이든, 더 작고 부담이 덜한 하위 과제로 나누도록 하자. 한 마리씩 차근차근 해결하는 것이다. 필요하다면 날개 한 쪽씩 해결해도 좋다. 그러면 하루 할 일 목록의 내용이 꽤 상세해진다. 초반에 쉬운 일들을 배치하면 퐁 퐁 솟아나는 성취감을 느끼는 데 도움이 될 것이다. 목록에는 해야 할 일들과 함께 하지 말아야 할 일들도 포함시키도록 한 다. 예를 들면 이런 것.

7. 두 번째 커피를 잔에 따른다.

8. 소파에 앉지 말고 책상에 앉는다.

9. 컴퓨터를 켠다.

10. 이메일을 확인하지 않는다.

11. 웹 서핑을 시작하지 않는다.

12. 워드를 연다.

13. 문서Document로 가서 파일명 '더멧 리뷰Dummett Review'를 선택한다.

이상은 오늘의 내 목록이다. 나는 '워드를 연다'를 성공적으로 통과하고 나서 '더멧 리뷰'까지 왔다. 마이클 더멧Michael Dummett은 『사고와 실재Thought and Reality』라는 제목의 어마어마한 주제로 얇은 책을 한 권 쓴 아주 영향력 있는 철학가다. 나는 영국의 저명한 철학 학술지 〈마인드Mind〉의 의뢰로 그의 책을 검토해 주기로 했었다. 책은 몇 번 읽었고 검토서 작성을 시작하기까지는 했다. 하지만 마무리 짓기가 여간 어려운 게 아니다. 최고의 학술지에 실을 영향력 있는 철학가의 중요한 책을 검토한다는 것은 꽤 부담이 된다. 당연히 이 일은 내 우선순위 목록의 상단에 올라 있다. 마감 시한은 이미 지났다. 하지만 철학 학계에서는 최고의 학술지들도 마감일을 넘기는 일에 단련이 된 것 같다. 그러고 보면 철학자들이란 꽤나 신뢰받지 못하는 집단이다. 이 학술지는 나 말고도 여러 명의 체계적인 미루기쟁이들을 상대하고 있는 게 틀림없다. 어쨌든 나는 오늘도 검토를 끝낼 수 없었다. 그 대신 나는 이 장을 쓰고 있다. 체계적인 미루기를 몸소 실천 중인 것이다.

방어적으로 할 일 목록을 작성하는 방법을 연습해 보라. 당신의 하루가 초장부터 어떻게 궤도를 벗어날 수 있는지 잠시 생각해 보고 그걸 면하기 위한 안전장치를 설치해 두라는 뜻이다. 어젯밤에 나는 TV에서 영화 〈해리가 샐리를 만났을 때〉를 보았다. 그래서 아침에 일어나면 그동안 잊고 있었거나 놓쳤던 멕 라이언 영화가 있나 보려고 구글에서 'Meg Ryan'을 검색하는 것으로 하루를 시작할 가능성이 높음을 알고 있었다. 일단 구글 검색을 시작하면 원래 찾던 정보를 얻었다고 해서 검색을 그만

둘 리가 만무하다.

멕 라이언이 데니스 퀘이드랑 결혼을 했다는군. 퀘이드 형제 중
어느 쪽을 말하는 거지? 나는 위키피디아에서 'Dennis Quaid'
를 찾아볼 것이다. 아, 그 잘생긴 친구 말이군. 그럴 줄 알았어.
어라? 그 아버지가 진 오트리Gene Autry와 사촌지간이네! 한동안
진 오트리에 대해서는 잊고 지냈군. 〈텀블링 텀블위즈Tumbling
Tumbleweeds〉였던가? 훌륭한 노래였는데. 아이튠즈에서 받을 수
있으려나 모르겠네…….

이런 식으로 끝없이 이어진다. 차라리 할 일 목록에 '구글에
서 '멕 라이언'을 검색하지 않는다'라고 명시해 놓아서 이런 시

간 낭비를 미연에 차단해 버리는 게 현명하다. (웹 서핑의 위험
성에 대해서는 다음 장에서 좀 더 자세히 다루도록 하겠다.)

이 조언을 따르면 할 일 목록은 유용해진다. 미루는 습관을
치료해 주지는 못해도 미루기쟁이를 생산적인 인간으로 만드는
데 도움을 주는 자기 조종 전략의 일환으로써 말이다.

할 일 목록은 반드시 미리 만들어 놓아야 한다는 점을 강조
하고 싶다. 전날 밤이면 더 좋다(그렇다고 알람시계 옆에다 두
는 걸 까먹을 정도로 너무 일찍 작성해 놓으면 안 된다). 잠자
리에 들기 전, 아침에 일어나자마자 벌써 여러 가지 일을 완료
한 자신의 모습을 상상해 보면 좋겠다. 알람시계가 울린 다음에
무슨 일을 하면서 하루를 보낼지 생각하기 시작하면 너무 늦다.
그날 제일 먼저 한 일이 '몸을 뒤척여 다시 잠든다'라면 곤란하

지 않겠는가.

　마지막으로 알람시계에 대해 한 가지 당부하려고 한다. 우리 미루기쟁이들은 알람시계를 끄고 침대에서 뒹굴다 다시 잠들기가 십상이다. 선잠 버튼이 달린 시계를 사용하면 그러기가 더욱 쉬워진다. 침대에서 손을 뻗어 선잠 버튼을 누를 수 있다면 두 번째도, 세 번째도 또 그렇게 할 수 있다. 알람시계를 아주 시끄러운 놈으로 하나 더 구해서 첫 번째 시계보다 2분 뒤에 울리게 맞춰 놓고 부엌 커피포트 근처에다 두도록 하자.

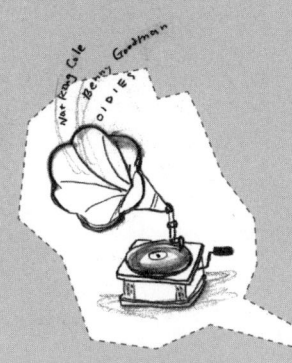

리듬을
타라

Get Rhythm

〈겟 리듬(Get Rhythm; http://www.youtube.com/watch?v=iZGdEafl4sg
—역주)〉은 조니 캐시_{Johnny Cash}가 만들고 부른 명곡이다. 이 노래
에서 구두닦이 소년은 '검은 옷을 입은 남자(Man in Black; 노래하
고 있는 조니 캐시 본인을 가리킴—역주)'에게 '우울하면 리듬을 타라'
고 충고한다. 이 바람직한 충고는 본 프로그램의 네 번째 단계
이기도 하다. 리듬감이 없으면 반드시 리듬감을 익히기 위해 노
력하라는 뜻이 아니다. 물론 실제로 그런 목표를 위해 노력하는
건 존경스러운 일이겠지만. 나 역시 이 영역의 능력이 좀 떨어

진다. 샌프란시스코 자이언츠의 후반 경기가 진행될 무렵, 관중들은 선수들을 북돋는 의미에서 박자를 맞추어 응원 박수를 치곤 하는데, 주위를 돌아보면 나는 남들보다 항상 반 박자쯤 어긋나 있다. 내 양손이 맞부딪칠 때 남들 손은 이미 떨어져 있고, 내 손이 떨어지면 남들은 박수를 치고, 뭐 그런 식이다. 창피하긴 해도 그렇다고 해서 내가 다른 사람들처럼 들뜨는 기분을 느끼지 못하는 건 아니다.

음악이 감정과 직접적인 연관성이 있다는 건 분명한 사실이다. 우리는 '슬프다'든지 '행복하다'는 등의 감정 용어로 음악을 표현한다. 아이를 재울 때도 자장가를 불러 준다. 음치에다 박치인 나 같은 사람들은 자장가 음반을 틀어 준다. 노래를 따라 부르거나 흥얼거리면 어른들도 마음이 진정된다. 행진곡은 행진하고픈 기분이 들게 하며, 혹시 어떤 이유로든 실제로 행진을 해야 하는 경우라면 좀 더 기분 좋게 행진할 수 있도록 도와준다. 그리고 울적할 때 중독성 있는 박자의 신나는 노래를 들으면 일어나서 몸을 좀 움직이고 싶은 마음이 생긴다.

미루기쟁이들은 자주 울적함에 빠진다. 사실 많은 미루기쟁이들이 심각한 우울증에 시달리고 있다. 미루는 습관이 우울함의 원인인지, 우울해서 미루는 건지는 나도 모른다. 어느 쪽이 먼저든, 두 가지는 서로 증강 작용을 한다. 우울증은 경우에 따라 심리치료나 약물치료, 혹은 두 가지 모두를 필요로 할 때도 있다. 그러나 내 경우로 판단해 보면 적절한 음악이 큰 도움을 준다. 그리고 돈도 훨씬 적게 든다.

하지만 여기에는 문제가 있다. 엉뚱한 음악이 상황을 더 악

화시킬 수도 있기 때문이다. 우울하고 몸이 처질 때는 롤링 스톤스의 〈스타트 미 업(*Start Me Up*; http.//www.youtube.com/watch?v=ZzlgJ-SfKYE—역주)〉이나 아레사 프랭클린Aretha Franklin의 〈리스펙트*Respect*〉, 혹은 조니 캐시를 고수하겠다면 〈테네시 플랫 톱 박스*Tennessee Flat Top Box*〉 같은 음악을 들어야 한다. 조니 캐시가 부른 〈허트Hurt〉 같은 음악을 들으면 전혀 도움이 안 된다. 여전히 통증을 느낄 수 있는지 확인해 보려고 자해를 했다는 내용의 가사이기 때문이다.

하지만 우울함이 닥칠 때는 딱 〈허트〉 가사 같은 심정이 되고 만다. 그래서 블루스(Blues; 음악 장르)를 블루스(blues; 우울한 기분)라 부르나 보다. 일어나면서부터 무기력한 날이 있다. 커피를 두 잔, 석 잔, 넉 잔까지 마셔 봐도 도무지 의욕이 생기질 않는다. 음악이 좀 도움이 될까? 아, 맞다. 존 리 후커John Lee Hooker 음반이 있었지. 하지만 위스키와 여자 때문에 인생 망쳤다는 그의 노래가 이런 상황에 도움이 될 리가 없다.

이럴 때 내가 들어야 할 곡은 뮤지컬 〈뮤직 맨(The Music Man; 메러디스 윌슨Meredith Willson이 대본, 작곡, 작사를 맡은 1957년 작 뮤지컬로, 나중에 영화로도 만들어짐―역주)〉에 나오는 〈일흔여섯 대의 트롬본(Seventy-Six Trombones; http.//www.youtube.com/watch?v=ODu888i14-I―역주)〉같이 흥겨운 리듬의 노래다. 노래를 듣고 나니 기분이 한결 가벼워지기 시작한다. 그 리듬감 때문에 자리를 털고 일어나 몸을 움직이고 싶은 마음이 든다. 리버 시티 고등학교의 고적대를 이끌고 아이오와 시골 마을을 가로질러 행진하는 주인공 해럴드 힐 교수의 이미지는 교교 시절 몸담았던 밴

드부 시절을 떠올리게 한다. 추억은 묘하게도 실제 고등학교를 다니는 동안 느꼈던 괴로움과는 별개로 아름답게 남아 있다. 그렇다면 답은 간단한 듯하다. 아침부터 무기력한 기분이 든다면 오래된 전축에 LP를 올리든, CD 플레이어에 CD를 꽂든, 아니면 아이튠즈 라이브러리에서 곡을 선택하든, 당신이 원하는 음악 감상 방식대로 〈일흔여섯 대의 트롬본〉을 들으면 된다는 것.

그러나 아침부터 우울한 기분으로 일어난 사람치고 대체 누가 그런 음악을 스스로 고른단 말인가?

우리는 이 부분에서 기술의 도움을 얻을 수 있다. 꼭 스티브 잡스가 생각해 낸 기발한 최첨단 기계일 필요는 없다. 이른 아침 적당히 활기찬 음악을 틀어 주는 방송국을 찾을 수만 있다면 시계가 달린 구형 라디오로 족하다. 전날 밤에 그 채널을 미리

맞춰 두는 것이다. 마음에 드는 음악인지는 중요하지 않다. 싫어
하는 음악이 나올 수도 있다. 당신이 무정부주의자라면 아침부
터 울려 퍼지는 〈성조기여 영원하라(*Stars and Stripes Forever*; 미국
행진곡의 왕으로 불리는 존 필립 수자John Philip Sousa가 애국심 고취를 위해 만
든 행진곡—역주)〉 같은 곡에 질색할 것이다. 영국의 모든 것을 싫
어하는 영국혐오자Anglophobe라면 롤링 스톤스가 부르는 〈스타트
미 업〉에 귀를 틀어막고 싶어질 것이다. 그러나 이런 것들은 전
혀 중요하지 않다. 라디오 볼륨을 크게 키워 놓고 침대에서 멀
찍한 곳에 갖다 두기만 하면 나머지는 라디오가 알아서 해줄 것
이다. 아침에는 이러고 싶은 생각이 전혀 들지 않을 것이다. 그
러나 전날 밤에는 자기 자신을 위해 결단을 내릴 수 있다.

물론 영 기분이 아닐 때 억지로 듣게 되더라도 보통 사람

들의 귀에 딱히 거슬리지 않는 즐거운 곡들은 많다. 많은 클래식 곡들이 바로 그런 부류에 속한다. 여기서 말하는 클래식이란 1960년대, 70년대, 80년대의 록 음악과 일부 컨트리 음악을 뜻한다. 요즘 라디오에서는 이런 부류의 음악을 '올디스oldies'라고 부른다. 왜 그런지 이유는 모르겠다. 어쨌든 베니 굿맨Benny Goodman, 빙 크로스비Bing Crosby, 냇 킹 콜Nat King Cole이 올디스다. 우리 부모님 세대가 듣던 음악들이다. 롤링 스톤스, 비틀스, 이글스도 좋은 클래식 음악이다. 누구라도 그 점은 인정할 것이다.

요즘에는 쾌활한 목소리의 지역 방송국 진행자가 골라 주는 음악에 굳이 의존할 필요가 없다. 활기찬 아침을 시작하는 데 도움이 될 거라 생각하는 곡들만 골라 재생 목록을 직접 만들 수가 있기 때문이다. 말할 필요도 없이 그 목록은 비교적 기분이 괜찮은 상태일 때 미리 뽑아 두어야 한다.

음악을 활용해 미루기 습관을 떨쳐 버리는 다른 방법들도 있다. 앞 장에서 소개한 '한 마리씩 차근차근' 전략에 음악을 접목시켜 보자. 가령 차고를 청소해야 한다고 치자. 그것은 어마어마한 과제이므로, 당신이 곧바로 일을 시작할 리 만무하다. 하지만 적절한 음악이 있다면 청소를 시작할 수는 있다. 그리고 좋아하는 CD가 연주되는 동안 청소를 계속하겠다고 굳게 다짐하자. 더 좋은 방법은 활기차고 경쾌한 곡조의 노래들로 차고 청소용 재생 목록을 따로 만드는 것이다. 어쩌면 낡은 공구 상자까지 정리하고 싶은 기분이 될지도 모른다. 물론 이 방법에는 위험이 따른다. 완벽한 노래를 찾는답시고 가지고 있는 음악을 뒤지느라 일을 시작도 못하는 사태가 벌어질 수 있기 때문이다.

그러다가는 차고가 아니라 음악을 정리하느라 날 다 샌다.

활동 개시용 음악 목록에 노래를 올리는 건 어느 노래와 그룹이 최고인지 판별하는 작업이 아니다. 비틀스의 〈헤이 주드 *Hey Jude*〉가 〈오블라디, 오블라다*Ob-la-di, Ob-la-da*〉보다 확실히 더 명곡이라 생각하더라도, 아침 음악으로는 〈오블라디, 오블라다〉가 더 나은 선택일 수도 있다는 얘기다. 나는 닐 다이아몬드*Neil Diamond*가 베토벤에 버금가는 작곡가라고 생각하지만 설령 당신이 그렇게 생각하지 않더라도 그가 만든 많은 노래들이 굉장히 활기차다는 사실만큼은 인정해야 한다. 그룹 카트리나 앤 더 웨이브스*Katrina and the Waves*는 로큰롤 명예의 전당에 오르지 못했지만 〈워킹 온 선샤인*Walking on Sunshine*〉만큼은 기운을 북돋아 주는 노래로서 견줄 데 없이 훌륭하다. 그러나 내가 생각하는 최고의 아침 기상곡은 레이시 J. 돌턴Lacy J. Dalton의 〈블랙커피(*Black Coffee*; http.//www.youtube.com/watch?v=-gHhne5cUCE—역주)〉다.

이 곡은 앞서 제시한 몇몇 사례와 반대로, 약간 우울한 분위기에 심지어 살짝 제정신이 아닌 듯한 메시지를 담고 있는 노래라도 리듬이 좋으면 기상 음악 목록에 올려도 괜찮음을 증명해 준다. 가사 자체는 그다지 낙관적이지 않다. 토스트는 타고 있고, 비는 쏟아지고, 사랑하는 사람이 떠날 것 같은 기분이지만 자신에게는 이런 고통에 잘 어울리는 블랙커피가 있다고 돌턴은 노래한다. 메시지는 침울해도 리듬은 완전히 중독성이 있어서, 블랙커피를 마시고 씩씩하게 기운을 차리고 싶다는 생각만 간절해지지, 돌턴의 비통함 속으로 함께 빠져들지는 않는 좋은 곡이다.

컴퓨터와
미루기쟁이

The Computer and the Procrastinator

어떤 면에서 컴퓨터는 미루기쟁이에게 굉장한 도구다. 미루기쟁이는 잘해야 가장 마지막 순간, 즉 더 이상의 연기가 불가능한 절대적이고 최종적인 마감 시한 직전에 일을 마치는 사람들이다. 최종 결과물이 이메일로 전송 가능한 종류라면 그 마지막 순간과 절대적인 마감 시한 사이의 간격은 더욱 좁혀질 수 있다. 우편으로 보내는 수밖에 없었던 아주 먼 옛날이나 페덱스 익일 배송 서비스가 가장 빠른 수단이었던 그리 멀지 않은 옛날과 달리, 이제 이메일을 이용하면 결과물이 보내는 순간 바로 도착한다. 아시아나 유럽, 혹은 미국 동부 지역에 거주하고 있는 사람이 서부에 사는 누군가가 정해 놓은 마감 시한을 맞춰야 하는 경우라면 실제 보낸 시간보다 더 빨리 도착하는 경이로운 체험을 할 수도 있다.

그러나 컴퓨터는 미루기쟁이에게 골칫거리이기도 하다. 쓸데없는 시간 낭비의 주범이기 때문이다. 이메일과 웹 서핑의 유혹을 극복하는 것이 가장 큰 문제다.

솔직히 털어놓자면 미루기쟁이를 집요하게 위협하는 이메일의 위험성에 대처하는 뾰족한 방법을 나도 아직 찾지 못했다. 다만 내가 느끼는 어려움을 공유한다면 적어도 비슷한 고민을 가진 다른 사람들에게 혼자가 아니라는 안도감을 심어 줄 수 있으리라 생각한다. 그래도 몇 시간이고 인터넷의 바다를 헤엄치고 싶은 유혹 앞에 수없이 굴복했던 내 경험을 바탕으로 제안하고 싶은 몇 가지 아이디어는 있다.

이메일의 고통과 환희

집배원이 배달해주는 우편물로 연락이 이루어졌던 과거에도 나는 뭘 제때 하는 데는 영 소질이 없었다. 그때는 일처리에 어떤 규칙적인 리듬이 있었다. 우편물이 도착하면 나는 그걸 열어보기 시작했다. 어찌됐든 급한 건 그 자리에 앉아서 바로 해결했다. 그리고 청구서 같은 것들은 한군데에 쌓아 놓았다가 한 달에 한 번씩 확인을 하지 않으면 심각한 결과가 초래되었으므로, 결국 때맞춰 청구서를 처리하는 습관을 갖게 됐다. 나머지는 뜯어본 다음 또는 미처 뜯지도 않은 채 '나중에' 처리할 생각으로 책상 머리맡에 쌓아 두었다. 급기야 우편물은 책상 머리맡에서 바닥으로 떨어지기 시작하는데, 그렇게 되면 아주 오랜 시간 동안 혹은 영원히 내 눈에 띄지 않게 되었다. 이런 식으로 우편물 더미는 늘 내가 감당할 만한 크기로 유지되었고, 이것은 중간중간 발생하는 좀 더 긴급한 일들을 하지 않을 방편으로, 대신 할 일을 발굴해 내는 저장소 역할을 했다.

가끔씩 이 시스템은 운 나쁜 결과로 이어지기도 했다. 아예 책상 뒤로 넘어가 버리거나 더미 안에 묻혀 있었지만 열어보지 않은 우편물이 알고 보니 중요한 내용이었을 때였다. 하지만 그런 경우가 많지는 않았다. 편지에 대한 답장이 정말로 중요한 경우라면 보통 상대방이 내게 전화를 주거나 후속 편지를 보내니까 그때 원본을 찾아서 처리하면 될 일이었다. 그리고 나 같

은 사람도 '긴급'이라고 표시되어 있는 국세청 공문을 간과할

만큼 바보스럽지는 않다.

　이 시스템은 완벽과는 거리가 멀었지만 긍정적인 측면도 있

었다. UCLA 대학교의 조교수로 근무하던 젊은 시절, 나는 한동

안 석사과정 프로그램의 입학 관련 업무를 담당했다. 규모가 그

리 크지 않은 프로그램이어서, 나는 학과장님이 다음 회의에 지

원자 명단을 가져다 달라고 이야기할 때까지 지원서를 쌓아 두

곤 했다. UCLA를 떠나고 나서 약 10년 뒤 나는 스탠포드에서

대학원 기금 마련을 위해 이런저런 활동을 하다가, 우수한 품질

의 모뎀을 만드는 어느 실리콘 밸리 기업의 CEO와 점심을 같이

하게 되었다. 당시는 집에서 컴퓨터를 쓰려면 메인프레임에 전

화 접속을 하던 시대였고, 1200 bps 모뎀이면 누구나 갖고 싶어

하는 최첨단의 고급 장비였다. 그의 회사는 그 가운데서도 최고의 모뎀을 만들었다. 당연히 그는 사업가로서 대단히 성공한 사람이었다.

점심을 먹으면서 그가 캘리포니아 주립대학교에서 철학을 전공했으며 석사 학위를 받으려고 UCLA에 지원했었다는 이야기가 자연스럽게 흘러나왔다. 이유는 단지 졸업 후 무슨 일을 해야 할지 몰라서였다고 했다. UCLA 대학교로부터는 아무 소식이 없었지만 기다리는 동안 그는 모뎀 회사를 차렸고 거기서 떼돈을 벌었다. 나는 그에게 무슨 일이 벌어진 건지 알겠다고 말했다. 그의 지원 서류가 나에게 도착했는데 내 책상 머리맡에 쌓여 있다가 뒤로 넘어갔기 때문에 결국 내가 보지 못한 게 틀림없었다. 나는 잠시 죄책감을 느꼈다.

그러나 이 친구는 내가 그의 서류를 처리해 준 방식을 대단히 고마워했다. 철학 석사 학위 취득은 아무리 UCLA 학위라 하더라도 명성과 부로 연결되기 힘들다. 더욱이 무엇을 하면서 인생을 살아야 할지 알 수 없어서 그런 선택을 내린 지원자의 경우라면 한층 더 그럴 것이다. 그러니 오히려 잘 된 셈이었다. 그는 대학원 기금 마련 행사에 한 푼도 내놓지 않았지만 나에게 최고급 1200 bps 모뎀을 선물해 주었다.

그래도 어떤 사람은 지금이야 이메일 덕분에 내가 우편물을 처리하는 방식이 더 나은 쪽으로 변화되지 않았을까 생각할 수도 있겠다. 물론 구식 우편물보다는 이메일에 답장하기가 훨씬 수월하다. 하지만 적어도 내 경우에는 체계적인 미루기의 심리가 현대 기술보다 한 수 위다.

이제 내 우편물은 대부분 책상 위가 아니라 컴퓨터의 받은 편지함 안으로 들어온다. 내가 사용하는 G메일은 스팸을 걸러 낼 뿐만 아니라, 자동 삭제는 원치 않지만 정말로 게으름 피우고 싶은 기분일 때에만 들여다보고 싶은 내용들을 파일별로 분류해 준다. 이를테면 지방 의원의 국정보고서라든지, forests. com이 보낸 환경 피해 현황이라든지, 로터리 클럽 회의록 같은 것들 말이다.

나머지는 내 받은 편지함 안에 차곡차곡 쌓인다. 어찌됐든 난 전부는 아니라도 대부분의 이메일을 도착하는 날 바로 처리하고 있다. 특히 받은 편지함 안의 이메일 수가 100개에 근접하면 답장이 필요한데 아직 하지 않은 메일이 있는지 틈틈이 살펴보려고 노력한다. 앞서 보낸 이메일이 분실된 게 틀림없다는 메시지를 받으면 먼저 들어온 해당 이메일을 찾아서 답장해주기도 한다. 그러나 책상 머리맡에서 바닥으로 떨어지곤 했던 편지들처럼 오랜 기간 동안 방치된 상태로 남게 되는 이메일도 상당수에 이른다. 마침내 그걸 열어보고는 그동안 내버려 두었던 걸 후회하는 일도 가끔씩 생긴다. 다행히도 나는 죄책감을 비교적 잘 극복하는 편이다. 이렇게 여러 달 동안 외면하는 이메일도 있지만 즉각 처리하는 이메일도 있다. 뭔가 더 중요한 일을 하지 않을 핑계로 아주 빨리 회신을 보내는 바람에 상대방이 내 민첩함에 깜짝 놀랄 때도 있다.

이메일의 기능을 이용해 업무를 좀 더 효과적으로 관리해보아야겠다고 마음먹기도 했었다. 그래서 '정말 급한 일이므로 절대 무시하면 안 되는 것들'이라는 이름의 파일을 만들어, 중요해 보이긴 하나 받은 그날 처리하고 싶지는 않은 이메일을 몽땅 이 파일 안에 집어넣었다. 그런데 그 파일을 만들었다는 사실 자체를 까맣게 잊었다가 몇 개월 뒤에야 우연히 발견하고 기겁한 적이 있다.

G메일에서 메시지 옆의 작은 별을 클릭하면 자료 보관이 가능하다. 받은 편지함에서는 일단 사라지기 때문에 성취감을 느낄 수 있다. 그렇다고 해서 아예 삭제되는 건 아니다. 나중에 일을 많이 하고 싶은 의욕이 생길 때 별표 메시지 파일을 선택하면 받은 편지함 대신 별표 메시지가 목록 형태로 나타난다. 이것은 아직 처리할 마음의 준비가 되지 않았지만 받은 편지함에서 일단 치워 버리고 싶은 중요한 이메일들을 표시해 두는 훌륭한 방법인 것 같았다. 하지만 결국은 받은 편지함만큼 긴 또 하

나의 목록이 생겨났기 때문에 별 소용이 없었다. 근로 의욕이 넘쳐서 별표 메시지까지 들여다보는 경우는 생각보다 드물었다.

이메일은 지나치게 빠른 게 흠이다. 체계적인 미루기쟁이는 이메일에 수반되는 이 최악의 위험을 회피하는 데 남들보다 유리한 면이 있다. 과거에는 편지를 받으면 그 자리에 앉아서 곧바로 답장을 한다고 해도 회신을 기다리는 동안 나흘에서 엿새 정도의 여유가 생겼다. 그러나 세상에는 회신을 받자마자 다시 후속 메일을 보내 상대방에게 회신 책임을 떠넘기는 족속들이 있는 것 같다. 이메일 한 통 답장한 것에 대해 스스로 만족감을 느끼기도 전에 같은 사람으로부터 또 한 통의 이메일을 받는 이 상황은 미루기쟁이에게 매우 짜증스럽게 다가온다. 그런 사람들은 내가 그들과 같은 부류가 아니라는 사실을 곧 깨닫게 된다. 내가 첫 번째 이메일에 즉각 답신했다 하더라도 이후의 회신은 계속 미룰 게 거의 확실하기 때문이다. 이런 내 태도는 열심히 편지를 쓰는 사람들에게 좌절감을 안겨 주고, 그들 중 일부는 정기적인 연락책 명단에서 나 같은 미루기쟁이의 이름을 삭제해 버린다. 안타깝게도 아직은 그들 모두가 이 교훈을 얻은 것 같지는 않다.

빠져 죽지 않고 서핑하기

어떤 사람들은 친절하게도 이메일 안에 관련 있는 웹사이트 링크를 함께 집어넣기도 하는데, 이 링크를 함부로 눌렀다가는 토끼굴에 빠진 앨리스 신세가 될 수 있다. 몇 시간이고 웹사이트를 살피고 이리저리 기웃거리다가 어느 순간 고개를 들어보면 뉘엿뉘엿 해가 지고 하루가 다 지난 걸 발견하는 것이다. 물론 가끔씩은 예상치 못한 수확을 얻을 때도 있다. (나는 헛간이 없지만) 헛간에 덮을 수 있는 금속 지붕이라든지 타지키스탄의 역사에 관해 전문가 수준의 지식을 쌓게 되는 경우 말이다. 이런 전문 지식은 대화를 나누거나 십자말풀이를 할 때 요긴하게 쓰이곤 한다. 하지만 그렇게 자랑할 만한 성과도 없이 게으름 부리다가 한두 시간 훌쩍 날리기는 식은 죽 먹기다. 그게 하루나 이틀이 될 수도 있고.

업무 내용과 무관한 링크에서 한층 더 무관한 링크로 서핑을 계속하는 것은 바보상자를 들여다보고 앉아 있기와 비슷하다. 순전히 정신력으로만 쓸데없는 프로그램 시청을 그만두기란 굉장히 어려운 일이다. 나는 아무 생각 없이 TV 앞에 앉아 있다가 주문할 생각도 없는 긴수 칼(Ginzu, 상표명), 채소를 신선하게 보관해 주는 그린 백, 사용할 때 〈아흔아홉 병의 맥주*99 Bottles of Beer*〉 멜로디가 흘러나오는 농어 모양 병따개 따위가 얼마인지 궁금해져 한 시간 가까이를 허비한 적도 있다. 이럴 땐 점심 약속이 있다든지, 급히 화장실에 볼일을 보러 가야 한다든지, 완전히 지루한 광고 또는 패리스 힐튼이나 글렌 벡(Glenn Beck; 미국의 대표적인 보수 언론인─역주)이 등장하는 프로그램이 나오든지 해서 최면 상태를 깨뜨려 주어야 한다.

불가피한 인터넷 사용으로 웹 서핑의 유혹을 당할 게 빤한 상황이 닥칠 때 내가 쓰는 요령이 하나 있다. 자연적인 사건이 나를 방해해서 최면 상태를 깨뜨려 줄 게 확실할 때만 브라우저를 켜는 방법이다. 나는 이미 배가 고픈 상태이거나, 머잖아 아내가 급히 나를 부를 거라는 확신이 들 때, 혹은 이미 방광이 꽉 찬 느낌이 들 때에만 로그인을 한다. 노트북을 사용하는 분이라면 이메일을 열기 전에 전원을 뽑아 두는 방법이 하나 더 있다. 배터리가 다 닳으면 최면 상태가 깨질 것이다. 배터리의 성능 개선으로 인해 점점 더 유용성이 낮아지고 있는 수법이기는 하지만.

이도저도 안 된다면 알람시계를 한 시간 뒤로 맞춰 두도록 하자. 물론 아쉽게도 타지키스탄에 대한 지식은 조금 줄어들 것이다.

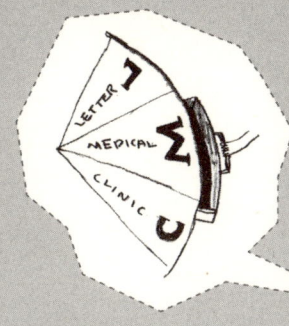

수평형 정리자의
항변

A Plea for the Horizontally Organized

　　왼손잡이에게 내재적인 장애가 있는 건 아니지만 세상은 오른손잡이들을 중심으로 조직되어 있기 때문에 사실상 장애가 따를 수 있다. 대학 강의실의 의자를 보라. 필기할 때 쓰는 자그마한 접이식 책상이 오른편에 달려 있다. 왼손잡이는 왼쪽 팔꿈치가 허공에 뜬 상태로 글씨를 쓰거나 제자리에서 몸을 잔뜩 비틀어 오른손잡이가 공책을 놓는 부분에 팔꿈치를 대고 공책은 오른손잡이가 팔꿈치를 대는 책상 뒷부분의 좁은 공간에다 놓는 불편한 자세를 감수해야만 한다. 이때 왼손잡이들은 상황적 장애에 처한다고 말할 수 있다. 오른손잡이들을 염두에 두고 꾸며진 상황에 놓이게 되면 왼손잡이에게 불이익이 따른다는 뜻이다.

난 왼손잡이는 아니지만 그보다 덜 알려진, 다른 종류의 상황적 장애를 지니고 있다. '수직형 정리자'들을 중심으로 설계된 세상 속에서 '수평형 정리자'로 살아가고 있는 것이다. 이 이야기를 여기서 꺼내는 이유는 내 경험상 체계적인 미루기쟁이들의 상당 비율이 수평형 정리자이기 때문이다.

수직적 조직화vertical organization라는 개념은 세로로 높다란 문서 보관함에서 비롯되었다. 세상이 더 이상 종이를 쓰지 않게 되면 언젠가 이 문서 보관함도 아련한 기억 속으로 사라지겠지만, 어쨌든 지금은 문서 보관함이 많은 사무실 한구석을 차지하고 있다. 수평형 정리자의 입장에서는 이게 생경한 삶의 방식으로 다가온다. 그러나 수직형 정리자들은 실제로 그걸 사용한다. 실은 이걸 얼마나 잘 활용하느냐에 따라 수직형 정리자인지, 수평형 정리자인지의 여부를 가릴 수 있다. 정리정돈에 관한 블로그를 운영하는 샐리 앨런Sally Allen은 쾌활하게 조언하고 있다.

서류는 언제나 최종 목적지까지 자연스럽게 흘러가도록 합니다. 앗, 최종 목적지가 없다고요? 자, 여러분, 그렇기 때문에 서류 더미가 생기는 거예요. 제집을 못 찾은 서류들이 한구석에 쌓여 버리는 거죠……. 자신에게 맞는 파일 관리 시스템을 만들어 두면 이제껏 경험해 보지 못한 희열을 맛볼 수 있답니다. 좋은 파일 관리 시스템은 통제력을 되찾아 주고 전문가다운 인상을 줄 뿐만 아니라 생산성을 높여 주지요.

샐리 앨런은 다정한 성격이 틀림없고 분명히 옳은 이야기를 했을 것이다. 하지만 이분은 수직형 정리자다. 수직형 정리자들은 한 시간이나 하루 뒤, 혹은 1주일 뒤에 사용할 자료를 보관할 때 문서 보관함을 이용하는 걸 당연하게 받아들인다. 그 자료가 다시 필요해지면 문서 보관함을 열어서 서류철을 꺼내고 일을 재개하는 것이다. 그들은 이런 개념 자체가 수평형 정리자에게 얼마나 생소하게 느껴지는지 이해하지 못한다.

며칠 전 나는 팰로 앨토 병원Palo Alto Medical Clinic에 내 고지서 금액이 잘못되었고 어째서 실제 납부해야 할 금액이 청구된 금액보다 크지 않은지 설명하는 편지를 쓰고 있었다. 꽤 복잡한 작업이었고 내 앞에는 고지서들과 편지가 잔뜩 펼쳐져 있었다. 그러다가 볼일이 있어서 다 끝내지 못하고 자리를 떠야만 했다. 수직형 정리자라면 이 서류들을 걷어서 파일 안에 집어넣었다가 나중에 다시 열어볼 것이다. 만약 내가 그렇게 한다면 내 책상은 깔끔해질 것이다. 깔끔한 책상은 수직형 정리자의 표식이다. 아주 결정적인 증거다.

물론 내가 한 행동은 이와 전혀 달랐다. 마무리하지 못한 편지와 관련 자료들을 책상 위에 그대로 펼쳐 놓고 자리를 뜬 것이다. 엄밀히 말하자면 책상 '위'는 아니다. 진행 중이던 다른 업무의 흔적들이 이미 그 밑에 한가득 펼쳐져 있었으니까, 채점하다 만 과제물, 절반쯤 쓰다 만 강의록, 읽다 만 소책자 따위 위에 편지와 관련 자료를 올려 두었다고 말하는 편이 더 정확하겠다.

　말하자면 나는 수평형 정리자다. 언제든 시선이 닿으면 다시 일을 시작하기 쉽도록 작업 중인 사물을 내 앞의 평면에 펼쳐 놓는 걸 좋아한다. 뭔가를 파일 안에 집어넣으면 그걸로 영영 끝이다. 찾지 못해서가 아니라(그런 일도 있기는 했지만) 다시 보는 일이 없어서다. 나는 문서 보관함을 열고 절반쯤 끝낸 프로젝트를 꺼내서 하던 일을 재개하는 게 구조적으로 불가능한 사람이다.

　컴퓨터를 이용하면 문제가 없지 않느냐고 생각할 수도 있지만 앞 장에서 살펴보았듯이 컴퓨터도 도움이 안 된다. 수평형 정리자는 컴퓨터 바탕화면에 모든 걸 늘어놓기 때문에 바탕화면이 실제 책상만큼 지저분해지곤 한다. 앞서 설명한 바와 같이, 나 같은 사람은 이메일을 열어볼 때 받은 편지함에 들어 있는 편지만 처리할 수 있다. 파일을 따로 만들어서 '급한 일'이라고 이름을 붙여 봤자 소용이 없다. 그 파일을 열어보는 일이 결코 없을 테니까.

나도 문서 보관함을 사용할 때는 있다. 문서 보관함은 첫째, 두 번 다시 볼 계획이 없는 완성된 프로젝트를 보관하는 곳이자, 둘째, 그냥 내버리기는 찜찜하지만 읽을 생각은 없는 문서를 처박아 두는 곳이다. 가령 전에 함께 일했던 동료 교수가 이제 막 완성했다며 길고 지루한 논문을 한 편 보내 주었다고 치자. 그걸 그대로 갖다 버리는 건 좀 몰인정하고 야박하다. 게다가 다음에 그 동료 교수를 만나면 틀림없이 거짓말까지 둘러대야 할 것이다. 하지만 논문을 문서 보관함에 넣어 두면 "네, 올여름에 읽으려고 파일 안에 챙겨 두었죠"라고 이야기할 수 있다. 이 말은 '올여름에 읽을 것들'이라는 이름의 파일이 있을 뿐만 아니라, 그 안에 논문을 넣어 두었다는 의미를 담고 있다. 그러니까 올여름에 그 논문을 읽을 가능성이 '0'이라 하더라도(가을, 겨울, 혹은 내년 봄이나 여름도 상황은 마찬가지겠지만), 엄밀히 따져 거짓말을 하는 건 아니다.

지금 내 책상은 샐리 앨런 같은 수직형 정리자로부터 따끔한 비난을 듣기 딱 좋은 상태다. 수직형 정리자들은 종이가 수북이 쌓인 책상이 정리정돈 안 되는 성격을 말해 주는 신호라고 생각하는 경향이 있다. 그러나 사실은 그렇지가 않다. 그것은 마치 앞서 이야기한 강의실 책상에서 몸을 웅크리고 필기를 하는 왼손잡이 학생을 보고 자세가 바르지 않다고 여기는 것과 똑같다. 그들은 단지 상황적 장애에 처해 있을 뿐이다. 수평형 정리자도 똑같은 문제에 봉착해 있다. 이 세상은 수직형 정리자들이 문서 보관함을 이용해 정리정돈을 잘 할 수 있도록 꾸며져 있다. 수평형 정리자가 이용할 수 있는 공간이란 책상 위, 문서 보관함 꼭대기, 근처의 의자, 바닥 정도밖에 없다. 누군가가 수평형 정리자를 배려한 문서 보관 및 회수 시스템을 고안해 낸다면 우리도 누구보다 깔끔하게 정돈된 상태로 일할 수 있을 것이다.

내게 아이디어가 있다. 나는 사무실에 중국 음식점의 크고 둥근 식탁 위에 올려놓는 회전판이 하나 있었으면 좋겠다. 이 회전판은 식탁 위를 거의 다 가리고 가장자리에 손님들의 개인 접시를 놓을 공간만큼만 남긴다. 회전판 위에 다양한 요리가 올라가면 손님들은 그걸 돌려서 모든 요리를 조금씩 덜어 먹을 수 있다. 무구가이판(蘑菇鸡片; 밥에 닭고기와 채소 볶음을 얹은 중국요리)이 옷에 튀지 않지 않게 하려면 천천히 돌리는 게 중요하다.

지름 4.5미터 정도면 내 사무실에 적합할 것 같다. 나는 그 회전판 위에 내 모든 인생을 죽 펼쳐 놓겠다. 작은 파이 모양으로 구역을 나눠서 알파벳 순서로 라벨을 붙여 놓아도 좋을 듯하다. 가령 부지런을 좀 떨어서 병원Medical Clinic이 속하는 글자의 일을 다 처리했다면 나는 회전판을 빙그르르 돌려서 정확히 해당되는 피자조각 모양의 구역을 찾은 다음 관련 자료를 거기다 보관할 것이다. (적절한 글자는 '의료medical'를 뜻하는 M이 되겠지. '병원clinic'의 C도 괜찮을 것 같다. 아니면 '편지letter'의 L이나 '미결unfinished'의 U, '열 받는 일Something I'm upset about'의 S는 어떨까? 내 사무실에 중국 음식점의 회전판을 갖다 놓게 되면 이런 결정을 내리는 요령쯤이야 차차 터득하게 될 것으로 확신한다.)

이런 식으로 내 연구과제들을 회전판 위에 펼쳐 놓으면 파일에 넣어 보관할 때와 달리 내 시선이 고르게 닿을 수 있을 것이다. 그리고 아주 깔끔해 보이지는 않겠지만 나도 수직형 정리자 못지않게 정돈된 상태로 지내게 될 것이다.

물론 가로세로 각각 5미터 정도인 내 사무실에다 지름 4.5미터 크기의 회전판을 들여 놓으면 많은 공간을 차지할 것이다. 나는 아마도 모형 기차 애호가 클럽 사진에서 본 사람들과 같은 모습이 되리라. 방 안 가득 모형 기차 판이 들어차 있고, 보드 위의 작은 마을과 종이로 반죽해 만든 산 사이사이로 기찻길이 수없이 뻗어 있다. 기차를 조작하는 사람은 머리를 숙여 그 기차 판 밑으로 들어갔다가 어딘가 중간쯤에서 불쑥 고개를 내민다. 회전판은 둥글고 내 사무실은 사각이기 때문에 의자는 네 구석의 남은 공간 중 하나에 갖다 놓아야 할 것이다. 출근해서 회전판 아래로 기어들어 갔다가 의자가 있는 구석으로 뽕 튀어나오기만 하면 수직형 정리자만큼 효율적이고 깔끔하게 일할 만반의 준비가 갖추어지게 된다. 한술 더 떠서 모형 기차 애호가들처럼 데님 소재의 엔지니어 캡을 써도 괜찮을 듯하다. 물론 이 시스템의 효율적인 운영에 꼭 필요한 요소는 아니겠지만.

적과의
협력?

Collaborating with the Enemy?

미루는 습관을 극복하는 가장 좋은 방법은 일을 미루지 않
는 사람들과 팀을 이루는 것이다. 미루는 습관이 없는 사람들은
우리의 적이 아니다. 오히려 그 반대로, 우리가 그쪽의 신경을
거스르게 만드는 경우가 훨씬 더 많다. 그들의 정상적인 업무
습관은 우리 눈에 낯설고 위협적으로 비칠 수 있다. 그러나 일
의 완수에 있어서만큼은 그런 사람들이 알람시계보다도 더 효
과적이다. 물론 알람시계처럼 꺼 버리기는 어렵겠지만. 나는 미
루는 습관이 없는 사람들과 공동 집필 작업을 한 적이 있는데,

꽤 좋은 결과를 얻었다. 1980년대에 나는 지금은 고인이 된 명석한 논리학자 존 바와이즈Jon Barwise라는 친구와 책을 같이 썼다. 바와이즈의 집필 방법은 말하고자 하는 바를 정리하고 윤곽을 잡은 다음 글쓰기를 시작해서 끝마칠 때까지 작업을 계속하는 것이었다. 나는 그가 어쩌다가 그런 기이한 시스템을 생각해 냈는지 모르겠다. 그는 내가 쓰기로 한 부분이 그가 쓰기로 한 부분과 거의 비슷한 일정으로 마무리되기를 바랐다. 친구 사이에 좀 매정한 방법이기는 했지만 책을 제때 끝내는 데는 대단히 효과적이었다. 바와이즈의 접근법과 그것이 가져다준 성과는 나에게 놀라운 깨달음이었고, 나는 그의 방식을 따라 해 보기로 다짐했지만 역시 소용이 없었다.

여러 해 전에 나는 〈필로소피 토크Philosophy Talk〉라는 이름하에 철학을 주제로 한 공영 라디오 토크쇼를 구상했다. 아이디어 자체는 생각만 해도 즐거웠으나 당연히 나는 아무런 결과물도 만들어 내지 못했다. 그러다가 친구 켄 테일러Ken Taylor에게 그 이야기를 꺼내게 됐다. 나처럼 켄도 스탠포드 철학과의 교수다. 그리고 나처럼 라디오에 적합한 얼굴을 하고 있다. 우리는 둘 다 언어철학을 사랑한다. 하지만 여러 가지 결정적인 면에서 그는 나나 다른 철학가들과 완전히 다르다. 그는 게으름 피우지 않고 저돌적으로 일을 추진하는 전형적인 A형 인간이다(Type A; A형 행동양식의 사람. 심장병 전문의인 프리드먼과 로젠만이 명명한 개념으로, 까다롭고 공격적이고 경쟁적인 행동 특성 때문에 관상 동맥계의 심장병을 잘 일으킨다고 함—역주). 뭐가 어떻게 돌아가고 있는지 내가 미처 알아차리기도 전에 그는 스탠

포드 대학교에 시험 방송 프로그램 제작을 위한 비용을 요청했
고 공영 라디오 컨벤션에 참석 신청을 마쳤다. 우리는 약간의
자금을 받았고 시험 방송을 제작한 다음 컨벤션에 가서 무작정
프로그램 편성자들에게 접근해 우리의 멋진 아이디어를 설명했
다. 그들은 황당하다는 표정으로 우리를 바라보더니, 아무리 공
영 라디오 방송 청취자라 하더라도 자유의지니, 신의 존재니, 허
무주의니 하는 주제로 철학자들이 나누는 대화를 한 시간 동안
이나 듣고 싶어하지는 않는다고 대답했다. 나는 낙담해서 바로
포기하려고 했다. 그런데 켄은 거기서 굴하지 않고 계속 밀어붙
여, 결국 에너지 넘치고 인맥이 넓으며 켄처럼 늑장에는 전혀
소질이 없는 벤 마닐라Ben Manilla라는 라디오 제작자를 찾아냈다.

　　이제 우리가 진행하는 〈필로소피 토크〉라는 라디오 프로그

램은 여러 방송국을 통해 전파를 타고 있으며 애청자 수도 꽤 된다. (대다수 프로그램 편성자들의 의견과 달리 이 방송에 관심 있는 독자라면 philosophytalk.org를 방문해 보시기 바란다.) 매주 다음 방송의 준비를 위한 컨퍼런스 콜이 진행된다. 켄은 학생들을 모집해 주제에 관한 아이디어와 정보를 제공받고 섭외할 만한 초대 손님 명단도 추천받았다. 매주 일요일 아침 우리는 샌프란시스코까지 차를 몰고 가서 KALW 방송국의 근사한 스튜디오에서 오전 10시 방송을 진행한다. 내가 절대로 게으름을 피울 수 없는 환경이 조성된 것이다.

미루는 습관이 없는 동료와의 협력은 마치 알람시계를 맞춰 두는 것처럼 본인의 의지력과 상관없이 결심을 실천에 옮길 수 있는 훌륭한 방법이다. 물론 부지런히 일해야 한다는 단점은 있다.

　그런데 미루기쟁이들끼리 손을 잡으면 무슨 일이 벌어질까? 미루는 일과 진행 중인 일이 제대로 맞아떨어지기만 한다면 체계적인 미루기쟁이 두 명도 꽤 많은 일을 성취할 수 있다. 현재 나의 연구 파트너는 바스크 출신의 철학자 케파 코르타Kepa Korta 다. 나 정도는 아니더라도 그는 틀림없는 미루기쟁이다. 그럼에도 우리는 계획했던 것보다 1년 정도밖에 늦지 않게 『비판적 화용론Critical Pragmatics』이라는 책을 완성했다. 어떻게 그걸 마칠 수 있었는지는 잘 모르겠지만 어쨌든 잘 끝냈다.

　또 다른 동료인 데이비드 이스라엘David Israel은 미루기쟁이가 아니다. 어쩌면 한때는 그랬는지도 모르겠다. 만약 그랬다면 오래 전에 미루는 습관을 극복했을 것이다. 그는 정기적으로 출퇴

근을 하는 컴퓨터 과학자다. 그러나 그에게는 다른 종류의 결함
이 있는데, 내가 그 증상의 최초 규정자가 아닐까 싶다. 그는 이
른바 '우괄호 결핍 장애'를 갖고 있다. 데이비드의 머리는 늘 아
이디어로(그리고 특히 내가 방금 한 말에 대한 반대 의견으로)
가득 차 있어서 한 가지 생각을 끝내기도 전에 다른 생각을 시작
한다. 내가 제시한 통찰에 대한 그의 대답은 보통 이런 식이다.

그걸 구분해야 한다는 자네 의견은 옳아 (아, 그런데 왜 구분이
필요한지 조금 혼동이 되는군 (사실 그 구분이 정확하지는 않
잖아 (물론 구분이란 게 정확히 무엇인가라는 근본적인 문제가
있긴 하지…….

좌괄호는 넘쳐 나는 반면, 무수히 샘솟는 생각을 마무리 짓는 데 필요한 우괄호를 스스로 닫는 능력이 데이비드에게는 없다.

하지만 우리는 환상의 짝꿍이다. 비결은 그가 처음에 몇 차례 옆길로 새고 나면 나도 다른 데 정신을 팔다가, 나머지 말은 무시해 버린 상태에서 그가 애초에 염두에 두었을 가능성이 가장 높은 생각을 매듭짓는 데만 집중하기 때문이다. 대화가 이런 식으로 계속되다 보면 결국 우리는 어딘가에 당도해 있으며 몇 가지는 마무리를 짓기까지 한다. 데이비드와 함께 일하는 건 정말 재미가 있어서, 그가 문장 하나 제대로 끝맺지 못하면서 일을 완수해야 한다고 성화를 부리는데도 전혀 짜증스럽지가 않다.

내가 지금까지 함께 일했던 협력자들 대부분은 약간 강박적인 면이 있었다. 할 일이 나타나면 곧바로 그 일에 착수하는 것이다. 나의 인생 지침은 '누군가 나보다 능력 있는 사람이 이미 하고 있는 일을 다시 하지 말자'다. 내가 미루는 습관을 극복하려고 아무리 열심히 노력해도, 공동 프로젝트에 필요한 어떤 일을 해야 한다는 사실을 깨달은 순간과 실제로 그 일에 뛰어드는 순간 사이에는 어느 정도 간격이 생길 가능성이 높다. 반면 내 협력자는 벌써 일에 착수한 상태일 경우가 많다. 그게 불만이라는 얘기가 아니다.

그러니까 협력자를 잘 선택할 경우, 당신이 일을 시작할 준비가 될 무렵이면 그들이 (거부하지 못하고) 이미 많은 일을 시작해 놓았을 가능성이 높다. 그렇다고 해서 당신이 제 몫보다 일을 덜하게 된다는 의미는 아니다. 협력자들이 잘 진행하고 있는 일을 칭찬해 주는 걸 당신 몫으로 하면 된다. 이때, 늑장을 부리면서도 그들이 이룬 성과는 전부 파악하고 있음을 티 내는 게 중요하다. 그리고 체계적인 미루기쟁이로서의 재주를 살려 그들이 절대 엄두도 못 내는 비교적 덜 중요한 일들을 많이 하라. 또 점심을 사주고, 음악을 틀어 주고, 협력자를 늘 기분 좋게 해 주어라.

미루기의
부가 혜택

Fringe Benefits

체계적인 미루기쟁이로 살 때 따라오는 멋진 부가 혜택 중

하나는 가끔씩 할 일 목록 상단에 적혀 있던 중요한 일이 저절

로 없어지기도 한다는 사실이다. 얼마 전 어느 날 아침에 나는

한 졸업생의 추천서를 쓰려던 참이었다. 10년도 더 전에 박사

학위를 취득한 그는 살기엔 편하지만 따분한, 말하자면 애들 키

우기에 이상적인 어느 소도시의 대학교에서 정교수로 지내고

있었다. 이제 자녀들도 다 자랐으니 애들 키우기에 덜 이상적이

더라도 새로운 곳에서 직장을 구하고 싶다는 것이었다. 그래서

내가 추천서를 써 주기로 했다. 아주 부담스러운 일은 아니었지만 그래도 꽤 중요한 일이었다.

그런데 바로 그날 아침 그가 반가운 소식을 전해 왔다. 지원한 자리 모두가 후보자 명단을 추린 다음 학교 측에 직접 추천서를 요청한다는 것이었다. 추천서를 쓸 필요가 없어졌다. 학교의 요청이 들어올 때까지 미뤄도 괜찮았다. 그러기까지는 몇 달이 걸릴 수도 있다. 여유 시간이 생긴 것이다! 아, 물론 그 이메일을 받지 않았더라도 나는 똑같이 여유를 부리고 있었겠지만, 어쨌든 써야 할 걸 쓰지 않으면서 찜찜한 마음으로 하루를 보내지는 않게 되었다. 그러니까 죄책감 없는 시간을 선물 받은 셈이었다.

1장에서 우리는 뛰어난 자기기만 능력이 어떻게 해서 체계적인 미루기쟁이에게 도움이 되는지 살펴보았다. 실제로는 그렇게 중요하지 않지만 아주 중요해 보이는 일을 하지 않을 방편으로, 그럭저럭 쓸모 있는 다른 일을 하게끔 동기를 부여해 준다는 내용이었다. 하지만 가끔은 그날처럼 훌륭한 자기기만 능력이 필요 없을 때도 있다. 세상이 알아서 미루기의 기쁨을 선사해주기 때문이다. 몇 주 전 처음 부탁을 받았을 때 추천서를 쓸 수도 있었겠지만 나는 필요한 시점이 가까워 오면 한 번 더 (혹은 두세 번 더) 연락이 오겠지라는 생각에 미뤄 두었다. 만약에 일찌감치 써 두었더라면 완전히 시간 낭비가 될 뻔했다. 혹은 그 졸업생이 추천서를 받으러 오기 전에 논문을 한 편 더 쓰거나 연구 장려금을 한 건 더 수상하기라도 했다면 내용 수정이 필요했을 테니 부분적인 시간 낭비가 될 뻔했다고 해 두자. 그

사이 내가 추천서를 잃어버리거나 엉뚱한 파일에 철해 두거나 실수로 삭제해 버리거나 미처 백업을 하지 못한 상태에서 하드디스크 고장이 발생할 가능성도 있다. 추천서가 필요한 시점이 다가오기 전에 세상의 종말이 오거나 내가 교수직에서 잘릴 가능성도 물론 있다.

2011년 작 영화 〈멜랑콜리아Melancholia〉는 멜랑콜리아라는 이름의 행성이 지구와 충돌해 서서히 멸망해 가는 모습을 담고 있다. 대재앙을 앞두고 어떤 일이 벌어질지 생생하게 그려진다. 깊은 우울증에 시달리는 젊은 여주인공 커스틴 던스트Kirsten Dunst는 정서적으로 안정된 언니와 형부, 어린 조카와 한집에 살고 있다. 우리는 우울한 커스틴 던스트가 정상적인 언니네 가족들보다도 다가오는 세상의 종말에 훨씬 더 잘 대처하는 모습을 볼 수 있다. 두려워하는 조카를 의연한 자세로 달래고 챙길 수 있는 것도 우울증 덕분이다. 내 생각으로는 주인공이 그동안 우울증 때문에 많은 일을 미루어 왔고, 한심한 일들에 시간을 낭비하지 않았다는 생각 때문에 그 상황에서도 침착과 평정을 유지할 수 있었던 것 같다. 말하자면 침착과 평정은 미루기의 부가 혜택이었다.

'오늘 할 수 있는 일을 내일로 미루지 말라'는 속담이 있다. 이 말은 상당히 부조리하다. 하루가 자정에 끝난다고 가정해 보자. 이 속담에 따르면 아직 자정이 되지 않은 시각이라면 내일 할 수 있는 일이라도 자정까지 끝마치기 위해 부지런히 하고 있어야 한다. 그렇다면 다른 것보다도 〈존 스튜어트의 데일리 쇼 The Daily Show with Jon Stewart〉나 〈데이비드 레터맨 쇼The Late Show with

David Letterman〉 같은 프로그램을 못 본다는 이야기다(이런 프로그램 시청을 해야 할 일의 범주에 집어넣지 않는 한). 그러면 시사나 중요한 문화적 흐름 따위는 전혀 접하지 못한 채 지내게 될 것이다. 또 내일 대신 오늘 할 수 있는 일이 아무것도 남아 있지 않는 한, 절대로 자정 전에는 잠자리에 들지 못하게 된다. 이처럼 어리석은 조언이 어디 있는가?

그보다는 '내일 사라질 수도 있는 일을 절대 오늘 하지 말라'가 현명하다. 하지만 체계적인 미루기쟁이에게는 그런 조언이 불필요하다. 그런 조언쯤이야 자동으로 지킬 사람들이니까. 이것은 일종의 부가 혜택이다.

우선순위 목록에 올라 있는 할 일들은 원래 사라져야 마땅한 일들이다. 그걸 가능케 하는 한 가지 방법은 당신이 직접 그 일을 해치우는 것이다. 하지만 다르게 사라지는 방법도 있다. 남이 그 일을 하는 경우다. 물론 해야 할 일을 그냥 깔고 앉아 있으면서 누군가 조바심이 나서 그걸 해주길 기다리기만 한다면 그건 교활하고 짜증 나는 짓이다. 하지만 당신이 너무 서둘러 달려들어 일하지 않을 경우, 그 일을 정말로 하고 싶은 누군가에게 기회가 돌아갈 수도 있다. 예를 들어, 학과장님이 나에게 내년도 칸트 렉처Kant Lecture의 강연자 초빙과 관련해 생각을 정리해 오라고 지시했다. 칸트 렉처는 매년 철학과에서 주최하는 권위 있는 초청 강연인데, 학과장님은 각 후보자에 관한 다양한 정보가 일목요연하게 정리된 강연자 명단을 받아서 학과 회의 때 다 같이 논의하고 싶은 것이다. 이건 내가 싫어하는 종류의 과제다. 사람을 평가해야 되고 여러 사람 중에서 하나를 골라야 할 뿐만 아니라 학과 회의에서 왜 그 사람을 선택했는지 변호까지 해야 한다.

하지만 다른 사람들은 이런 종류의 일을 대단히 즐긴다. 그래서 나는 이 일이 스스로 사라질(혹은 간단해질) 시간을 며칠 준다. 아니나 다를까 다른 철학과 동료들이 나에게 장황한 평가서와 함께 후보를 제안해주기 시작한다. 생각도 평가도 그들이 다 해 놓았다. 이메일을 복사해 붙여 넣고 평가 내용을 간단하게 편집한 다음, 동료들의 공을 충분히 인정해 주면 보고서는 거의 완성이다. 동료들 스스로 자신이 제안한 후보의 선정 이유를 설명할 것이므로 나는 변호할 필요도 없다. 내가 선정 과정에 적극적으로 참여했음을 입증하려면 잘 알려지지 않은 이름을 한둘 추가할 수도 있겠다. "제가 칸트 렉처의 강연자 후보로 선생님 성함을 제출했습니다"라고 말하면 기분 좋아할 사람 몇 명을 고르면 된다. 유력한 후보로 거론되지는 않을 테니, 추천 사유를 변호할 일은 없다.

어떤 과제들은 주변 상황으로 인해 무의미해져서 사라지기도 한다. 샌프란시스코 자이언츠가 2010년 월드 시리즈를 우승한 뒤, 나는 2011년 플레이오프 티켓을 구입해야겠다고 다짐했다. 그러나 내가 미처 티켓을 사러 가기도 전에 샌프란시스코 자이언츠는 페넌트 레이스(pennant race; 우승기를 놓고 겨루는 정규 시즌 경기—역주)에서 탈락했고 와일드카드(wildcard; 각 리그 2위 팀 중 승률이 가장 높은 한 팀에게 주어지는 결승전 출전자격—역주)에서도 제외되었다. 성급하게 티켓을 구입해 놓지 않기 천만다행이었다!

때로는 어떤 일을 하기 전에 조금 기다리다 보면 그 일을 어떻게 해야 할 것인가에 관한 유용한 아이디어가 떠오르기도 한다. 나는 컴퓨터에 쓸 프린터를 새로 사야 했다. 그러려면 프라이스Fry's 같은 전자기기 전문점에 가야 하는데, 가서 보면 선택할 것들이 너무 많아서 쉽게 결정을 내리지 못할 게 분명하다. 레이저를 사야 하나, 잉크젯을 사야 하나? 흑백이 좋을까, 컬러가 좋을까? 프린터를 싼 걸로 사고 비싼 카트리지를 갈아 끼워줘야 할까, 아니면 초기 비용이 많이 들더라도 운영비가 적게 드는 제품으로 골라야 할까? 편지 봉투나 4X6 사이즈의 사진 인쇄 기능이 나한테 필요할까? 팩스와 스캔 기능이 있어야 할까? 내가 마지막으로 팩스를 보낸 게 언제였더라? 스캔은 언제 했었지? 프린터가 맥의 새 운영 시스템에서 잘 돌아가려나? 그러고 보니 맥의 새 운영 시스템을 설치할 쯤이 날까? 아마 인터넷이

나 〈컨수머 리포츠*Consumer Reports*〉 잡지를 참고해서 프린터 공부를 좀 하고 가는 게 가장 좋을 거다. 그런데 〈컨수머 리포츠〉를 읽으며 프린터 공부를 하느니 차라리 압정을 씹는·게 낫단 말이지.

다행스럽게도 세상에는 나보다 이런 걸 잘 알거나 적어도 확고한 의견이 있는 사람들이 아주 많다. 내일 점심 식사를 같이 하기로 한 동료는 나에게 프린터에 관해 많은 조언을 해줄 수 있을 것이다. 그 조언이 쓸모없을 수도 있지만 내가 그의 조언을 따를 경우 엉뚱한 프린터를 고르더라도 적어도 나 자신을 책망할 필요는 없어진다. 아니면 〈컨수머 리포츠〉를 열심히 읽는 이웃집 남자에게 물어볼 수도 있다. 그는 엔지니어 출신이니까 기계에 관련된 건 무엇이든지간에 그의 말을 믿어도 괜찮을 것 같다. 머지않아 그를 마주칠 게 분명하고 오늘 반드시 프라이스에 가야 하는 건 아니다. 그러면 프린터 공부를 할 필요도 없고, 프린터에 대해 생각할 필요도 없다. 그냥 상황이 흘러가는 대로 내버려 두자. 이런 종류의 기특한 사고는 체계적인 미루기쟁이에게 자연스럽게 일어난다.

그런데 약간 조심해야 할 부분이 있다. 나는 미루기 습관이 있는 사람들이 의외로 꽤 많은 일을 해내고 있을 확률이 높은 만큼, 자신의 미루는 습관에 대해 죄책감을 덜 느끼게 해주려고 애써 왔다. 또, 이번 장에서는 미루기쟁이로 살아갈 때의 실질적인 혜택에 대해 이야기했다. 하지만 지켜야 할 적정선은 존재하는 법이다.

나는 젊은 시절에 철학과의 선배 교수인 팻 수페스Pat

Suppes(그때나 지금이나 유명한 철학학자로, 인간 본성에 관한 통찰력 있는 식견을 제시하고 있음)에게 행복의 비밀이 무엇이냐고 질문했다. 조언 대신 그는 행복감을 느끼는 많은 사람들의 공통점에 관한 다소 익살스러운 관찰 결과를 제시했다. 그것은 다음과 같다.

1. 자신의 단점과 결점을 꼼꼼히 파악하고 있다.

2. 단점과 결점을 장점으로 취급하는 가치관을 받아들인다.

3. 그 가치관에 맞춰 살아가는 자기 자신을 뿌듯해한다.

난폭한 사람은 남자답다는 걸 뿌듯해한다. 강박적으로 세세한 부분에 얽매이는 사람은 세부 사항을 꼼꼼히 챙긴다는 데 뿌듯해한다. 이기적이고 심술궂은 사람은 정의가 구현되는 사회를 만드는 데 일조하고 있다는 걸 뿌듯해한다 등등.

나는 우리 미루기쟁이들이 이 함정에 빠지지 않기를 바란다. 미루기는 어디까지나 결점이지 감추어진 미덕이 아니다. 미루기쟁이들을 영웅으로 탈바꿈시켜 줄 인생철학을 찾자는 게 아니다(그런 인생철학을 찾아보는 것도 재미있기는 하겠지만). 나는 미루는 습관이 세상에서 가장 나쁜 결점은 아니라는 점을 지적하고 싶을 뿐이다. 미루는 습관이 있는 사람도 여전히 많은 일들을 성취할 수 있으니까. 더구나 훌륭한 자기기만 능력과 약간의 의지력으로 스스로를 조절할 수만 있다면 미루는 습관을 조금 멀리할 수도 있으니까. 그리고 마지막으로 이번 장에서 이야기한 것처럼 결점에도 나름대로 혜택이 따르니까.

미루기쟁이는 정말
짜증 나는 존재일까?

Do Procrastinators Have to Be Annoying?

이 책의 1장은 여러 해 동안 내 홈페이지에 게시돼 있었다. 한 여성이 그걸 읽고 남편에게 링크를 보냈고, 그는 다시 나에게 다음과 같은 이메일을 보내왔다(남편의 이름을 닐Neil이라 해 두자).

미루기쟁이인 제 아내가 체계적인 미루기에 관해 교수님이 쓰신 글의 링크를 보내 주었습니다. 아내는 그게 재미있다고 하네요. 그런데 저는 짜증스럽기만 합니다. 그 글이 미루는 습관에 효과적으로 대처하는 방법을 제시해 주고 있는지는 모르겠습니다. 그러나 다른 어떤 곳에서보다도 학계에서 미루기가 훨씬 팽배한 이유는 교수님의 글로 설명이 되지 않습니다. 저 역시 대학에서 학생들을 가르치는 사람으로서, 많은 동료들이 원고를 몇 주씩 뭉개고 앉아 있거나, 늑장 제출로 학점 처리 절차를 엉망으로 만들거나, 교재 선정을 몇 주, 심지어 몇 달씩 미뤄서 서점 관계자를 돌게 만드는 경우를 무수히 보아 왔습니다. 왜 그러는 걸까요? 저는 도스토옙스키가 『지하생활자의 수기Notes from Underground』에서 묘사한 괴팍스러움도 그런 행동의 원인이 아닐까 의심해 봅니다. 자신이 기계가 아님을 증명하기 위해 자기 학대적 행위를 하고 싶은 충동을 느낀다는 거죠. 하지만 그보다 더 중요한 이유는 위대한 사상가에게 일반적인 규칙은 적용되지 않는다는 지적 자만심 때문이라고 생각합니다. 설령 그 규칙을 위반하는 일이 다른 사람에게 피해를 준다 하더라도 말이죠. 따라서 저는 교수님의 글이 전혀 재미있지도 유익하지도 않으며, 단지 고등 교육 기관의 중대한 문제점 중 하나를 드러낸 것에 불과하다고 생각합니다.

닐은 우리 미루기쟁이들이 다른 사람들, 특히 배우자와 동료들의 신경을 건드리는 존재라는 중요한 사실을 꼭 집어 상기시켜 주고 있다. 보아하니 닐은 미루는 습관이 없는 사람이다. 그러나 경험상 미루기쟁이들은 똑같이 미루는 습관이 있는 사람에게조차 짜증을 돋우는 존재일 수 있다. 특히 결혼한 사이라면 더욱 그렇다. 부부간에도 어느 한쪽이 더 심하게 게으름을 피우기 마련이다. 꼭 그렇지 않더라도 미루기에 대한 짜증은 생길 수 있지만.

닐은 도스토옙스키에게서 힌트를 얻어, 미루기쟁이들이 자기 학대적 행동을 하는 이유가 자신이 기계가 아님을 증명하기 위해서라고 진단했다. 흥미로운 의견이긴 하나 나는 거기에 동의할 수 없다. 그것만으로는 사람들이 제일 짜증스러워 하는 미루기 사례들을 설명할 수 없다고 생각하기 때문이다. 나는 남을 번거롭게 하는 게 아니라 나 스스로 불편을 느끼는 행동을 함으로써 내가 기계가 아니라는 확신을 얻을 수 있다. 가령 수업이 있는데 너무 늦게 사무실을 나서는 바람에 시간을 맞추기 위해 강의실까지 죽어라 달린다 치자. 나는 숨을 헐떡이며 강의실에 도착하겠지만 내가 단순히 기계가 아님을 분명히 깨닫게 될 것이다. 하지만 이런 종류의 미루기 행동이 내 아내나 동료들의 신경을 긁을 가능성은 높지 않다.

사람들은 당신이 그들의 통제하에 있지 않음을 보여주기 위해 능장을 부릴 때 가장 짜증스러워 한다. 예를 들어, 내가 서재에서 일을 하고 있는데 아내가 불쑥 들어와 비자카드 영수증 내역을 확인해 보라고 다시 한 번 이야기한다. 뭔가 의심스러운 항목이 있음을 돌려서 말하는 아내 나름의 방법인 것이다. 아내는 내가 당장 하던 일을 중단하고 무릎에서 노트북을 내려놓은 다음, (친절하게도 내 얼굴 앞에다 흔들어 주고 있는) 영수증을 받아서 아내의 요청에 즉각 따르기를 바라는 게 분명하다. 비자카드 영수증을 오늘 말고 내일 들여다본다고 해서 별다른 차이가 생기는 건 아니라는 엄연한 사실에도 불구하고.

　아마도 나는 그다지 중요한 일을 하고 있지는 않을 것이다. 윈치, 태양열 발전기, 토크 렌치 같은 기계 장치 쿠폰이 즐비한 하버 서플라이(Harbor Supply; 요트 장비 전문 업체—역주)의 이메일을 들여다보고 있을지도 모른다. 나는 그런 물건들이 전혀 필요 없지만 그런 게 필요한 사람이 되고 싶기는 하다. 어쨌든 아내는 내가 시간을 낭비하고 있다는 사실을 알지 못한다(그럴 거라 의심은 하더라도). 표면적으로 나는 아내의 방해만 없었어도 철학사의 흐름을 바꾸어 놓았을지 모를 명문名文을 한창 집필 중이었다. 그래서 나는 심기가 불편해진다.

　결과적으로 나는 그냥 내버려 두었을 때보다 더 오래 비자카드 영수증 확인을 미룬다. 여기서의 포인트는 나 자신을 학대

하거나 내가 기계가 아님을 증명하려는 게 아니다. 창작의 고통 중에 있는 남편을 방해해서는 원하는 목적을 달성할 수 없음을 아내에게 보여주고 싶은 것뿐이다.

이러한 내 행동은 실로 유치할 뿐만 아니라 생산성 있는 체계적인 미루기의 사례로 정당화되기 어렵다. 다른 가치 있는 일을 하기 위한 방편으로 비자카드 영수증 검토를 미루고 있는 게 아니기 때문이다. 오히려 아내는 내가 하버 서플라이 쿠폰이나 들여다보면서 이미 미루고 있었던 일(이를테면 다음 학기 교재 선정)을 한층 더 미룰 빌미를 제공해 주고 있다.

내가 비자카드 영수증을 그 자리에서 확인하지 않았으니 아내가 앞으로는 그런 방해를 하지 않을 거라고 믿는다면 오산이다. 문제의 이런 행동 패턴은 대략 50년 동안 계속되어 왔다.

그러니 조언하겠다. 배우자의 통제하에 있지 않음을 입증하기 위한 기싸움과 체계적인 미루기를 혼동하지 말 것. 어떤 행동을 하지 않음으로써 배우자에게 뭔가를 입증하려고 애쓰는 방법은 상대방의 요구가 정말로 불합리한 경우로 한정되어야 한다. 그리고 밝혀 두건대 내 아내는 절대로 불합리한 요구를 하지 않는다.

닐은 늑장 부리는 학계 동료들에 대해 특별히 불편한 심경을 밝히고 있다. 그는 그 이유가 '설령 그 규칙을 위반하는 일이 다른 사람에게 피해를 준다 하더라도 위대한 사상가에게 일반적인 규칙은 적용되지 않는다'고 믿는 그들의 지적 자만심 때문일 거라고 생각한다. 그의 말대로 일을 미루는 동료 중 몇몇에게는 분명 그런 자만심이 있을 것이다. 하지만 그것은 체계적인 미루기를 일삼는 일반적인 사람들에 대한 올바른 진단은 아니다. 우리 미루기쟁이들 대부분은 마감일을 놓치면 죄책감을 느낀다. 우리의 미루는 습관이 다른 사람에게 피해를 주고 있는 걸 보면 꽤 양심의 가책도 느낀다. 정말로 오만한 학자라면 자신의 미루기를 미루기로 여기지 않는다. 남이야 인정하든 말든, 올바른 우선순위 설정일 뿐이라고 생각한다. "내가 칸트의 『기초Groundwork』를 다시 읽으면 지금까지 이 책에 관해 출간된 수십만 페이지에 열 페이지쯤 보탤 영감이 솟아날지도 모르는데, 오늘 아침에 정말로 내가 시험지 채점이나 하고 앉아 있어야겠어?"하고 말이다.

체계적인 미루기쟁이들은 남에게 불편 끼치는 것을 미안해하는, 겸손한 사람들인 경우가 많다. 예를 들어, 나는 학생들에게 불편을 끼치지 않는 범위 내에서 학점 공지를 정확히 어느 정도까지 미룰 수 있는지 따져 본 적이 있다. 그랬더니 반나절이라는 결론이 나왔다. 그래서 나는 반나절을 결코 넘겨서는 안 될 절대적인 마감 시한으로 정했고, 실제로도 그걸 넘기는 경우가 많지 않다. 오만한 미루기쟁이와 체계적인 미루기쟁이는 서로 다른 부류라고 생각한다.

그리고 닐은 웬 서점을 그렇게 걱정해 주는가? 만약 내가 책 주문을 늦게 넣었다고 걱정하는 동료가 있다면 나는 그를 남의 일에 간섭하기 좋아하는 참견쟁이로 의심할 것이고, 앞서 배우자와의 관계 속에서 살펴보았던 것처럼 주도권 장악을 위한 기 싸움식 미루기에 탐닉하고 싶어질 것 같다. 물론 그건 유치하고 무가치한 행동이겠지만.

　참견쟁이에게는 점잖은 철학적 조언으로 대꾸해 주는 게 좋을 듯하다. 내가 닐의 이메일을 홈페이지에 올린 후, 또 다른 독자가 다음과 같은 반응을 보내왔다.

　왜 사람들은 가끔씩 무단횡단을 할까? 그리고 왜 파티가 7시라 얘기해 놓고도 8시가 되도록 아무도 나타나지 않는 걸까? 또 대다수의 사람들이 '최대' 제한 속도를 넘겨서 차를 모는 이유는 뭘까? 왜 여자들은 착한 남자가 좋다고 말하면서도 그런 남자와는 절대 데이트하지 않는 걸까? 어째서 사람들의 말과 행동은 다른 걸까? 어째서 모두들 일반적인 규칙을 잠자코 따르지 못하는 걸까?

미루기쟁이는
정말 짜증 나는
존재일까?

조금만 뒤로 물러서라.

그런 고민들 모두 금방 사라질 테니.

짐 스톤Jim Stone

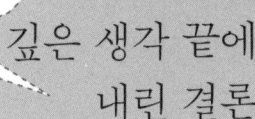

깊은 생각 끝에
내린 결론

Deep Concluding Thoughts

인간은 합리적인 동물이다.

아리스토텔레스

인간은 합리적인 동물이 아니라, 합리화하는 동물이다.

로버트 하인라인

인간은 이성적으로 행동하라는 말을 들을 때마다
이성을 잃는 이성적인 동물이다.

오스카 와일드

흔히 인간을 합리적인 동물이라고 말한다.
나는 평생토록 이걸 뒷받침할 만한 증거를 찾아 헤맸다.

버트런드 러셀

아리스토텔레스는 인간이 합리적인 동물이라고 생각했다. 인간에게는 분명 사고하고 추리하며 숙고해서 그 추리와 사고의 결과를 바탕으로 행동하는 능력이 있다. 인간이 다른 동물들에 비해 이 능력이 월등한 것처럼 보이긴 하나, 우리가 그 차이점을 과장하고 있으며 그것이 種종으로서 우리에게 가져다주는 장점도 과장된 부분이 있다고 나는 확신하고 있다.

그러나 어쨌든 우리는 합리적이기만 한 의사결정 기계가 아니다. 인간은 기본적으로 욕구, 신념, 충동, 변덕의 집합체다. 어떤 시점에서든 종류도 다양한 여러 가지 욕구들이 우리의 몸과 사고 과정을 장악하려고 경쟁을 벌이고 있다. 책임감 강한 나는 내 몸이 어서 침대에서 빠져나오길 원한다. 안락함을 사랑하는 나는 자세를 고쳐 몇 분만(혹은 몇 시간만) 더 자고 싶어한다. 이성적인 나는 이메일이 도착한 순서대로 답장을 보내 주고 싶어 한다. 하지만 호기심 많은 나는 뭔가 재미있는 게 있나 보려고 새로운 데 눈을 돌리고, 호시탐탐 시간을 낭비할 기회를 노리며, 정작 해야 할 일은 가급적 오래 피하고만 싶어한다. 나의 일부 는 건강하고 날씬한 몸매를 원하지만 또 다른 일부는 쿠키나 담 배를 원한다.

이성은 놀라운 재능이지만 대다수 사람들의 경우 수없이 많 은 상충적 욕구들을 덮고 있는 얇은 합판에 지나지 않는다. 혹 은 다른 욕구들과 경쟁하는 또 하나의 욕구일 수도 있겠다. 어 떤 사람들은 합리적이고자 하는 바람이 아주 강렬하고 지배적 인 욕구로 발전해서, 그 합리성이 행동의 많은 부분을 이끈다. 나는 그런 사람들이 고맙다. 그들은 많은 일을 성취해 내고, 좀 피곤한 스타일이긴 해도 함께 일하기 좋은 파트너가 되어 준다. 내 인생에 내세울 만한 성과가 있었다면 대부분은 그런 사람들의 노력 덕분이다. 여기서 나는 당연히 선의의 목적을 위해 에너지를 쏟는 사람들을 말하고 있는 것이다. 악을 추구하는 결연함과 이성은 미덕이 아니다.

하지만 체계적인 미루기쟁이의 삶도 권장할 만한 부분이 많다. 위대한 경제학자이자 정치철학자인 프리드리히 하이에크 Friedrich Hayek는 사회 내에서 자생적인 질서가 중앙 집중적인 계획보다 더 생산적일 때가 많다고 강조했다. 언어나 시장 제도의 발달 과정을 염두에 두고 한 말이었다. 언어나 시장 제도는 어떤 개인이나 단체의 의도적인 설계에 따라 만들어진 게 아니라 자연스러운 인간 행동의 결과였다. 위대한 정치철학자들이다 그렇듯, 하이에크는 자신의 통찰을 너무 강경하게 주장했다. 그가 그러지 않았다 하더라도 그의 제자들은 확실히 그러고 있다. 하지만 그래도 여전히 그것은 중요한 통찰이다. 개인에 대해서도 비슷한 통찰이 적용된다. 우리는 시간을 어떻게 쓰는 것이 최선인지 종종 잘못된 판단을 내리기도 한다. 터무니없는 라디오 쇼를 꿈꾸느라 시간을 허비했다고 생각했는데, 결국엔 논문, 검토서, 메모, 그 무엇이 됐든 누가 제대로 읽지도 않을 문서를 마무리하는 데 열중한 것보다 더 귀중한 성과를 얻지 않았는가? 체계적인 미루기쟁이는 세상에서 가장 효율적인 인간은 아닐지 몰라도, 아이디어와 에너지를 자유로이 발산하게 내버려두면 체계적인 업무 습관을 고수할 경우에 놓쳤을지 모를 온갖 종류의 일들을 성취해낼 잠재성 있는 인간이다. 끝마친 일에 대해서는 스스로를 칭찬해 주자. 할 일 목록, 알람시계 등, 여러 가지 방법들을 활용해 주변 환경에 제약을 걸자. 아무것도 성취하지 못하는 불상사를 맞지 않게 협력자를 곁에 두자. 그러나 다른 무엇보다도 인생을 즐기자.

미루는 습관을 버리는 방법

위험을 감수하고 읽을 것

이 책을 쓴 주된 목표 가운데 하나는 체계적인 미루기쟁이들이 미루지 않는 사람이 되기 위해 애쓰지 말고 자기 자신에 대한 자부심을 갖게 하려는 것이었다. 만약 내가 미루는 버릇을 빠르고 쉽고 확실하게 끊어 버리는 방법을 알았다면 주저 없이 공개했을 것이다. 나는 이 책을 읽은 당신이 스스로에 대한 자부심을 되찾고, 미루는 습관이 있긴 해도 나름대로 생산적인 삶을 살고 있음을 깨닫길 바란다. 그러면 이 결점을 고치려 애를 쓰느니, 그 시간과 에너지를 더 중요한 다른 일에 투자할 수 있을 테니 말이다. 그러니 이제 책을 덮는 게 좋겠다.

그런데도 체계적인 미루기쟁이로 살아가는 게 만족스럽지 않고 미루지 않는 사람이 되길 원한다면 건투를 빈다. 내가 도움이 되어 드리겠다. 나는 미루기쟁이의 나쁜 습관 극복을 돕기 위해 사람들이 쓴 논문, 블로그, 책을 모두 읽어보지는 않았지만 꽤 많이 읽었고 앞으로도 더 읽을 작정이다. 일부는 도움이 되기도 했다. 도움이 될 수도 있고 되지 않을 수도 있지만 여기에 몇 가지를 소개한다.

논문

　세상에는 사람들에게 공포감을 심어주어 게으름과 이별하게 하려는 의도의 논문들이 가득하다. 심리학 전문지 〈사이콜로지 투데이*Psychology Today*〉의 편집장 하라 마라노가 쓴 논문이 바로 그런 예다. 부제는 '일 처리를 뒤로 미루는 사람이 알아 두어야 할 열 가지 사실*Is Your Procrastination Hindering You? Ten Things You Should Know*'이다.(하라 에스트로프 마라노Hara Estroff Marano, 2003년 8월 23일 발행. http.//www.psychologytoday.com/articles/200308/procrastination-ten-things-know) 열 가지 사실이라면 유용한 조언이겠거니 짐작하겠지만 틀렸다. 알고 보면 그 열 가지는 미루는 사람에 대한 인신공격에 가깝다.

　마라노가 열변을 토하고 있는 이 사실들 가운데 몇 가지는 당신도 이미 알고 있을 만한 내용이다. 이를테면 미루기쟁이들은 해야 할 일에 집중하지 못하고 주의가 산만하다는 항목이 그렇다. 새로운 항목들도 듣고 보면 언짢아지기는 마찬가지다. 예를 들면 미루기쟁이들은 자기 조절 능력에 문제가 있어 과음을 한다든지, 미루는 습관이 면역 체계에 해를 끼친다고 필자는 이야기한다. 알고 나서 기분이 그리 유쾌해지지는 않는다. 나는 이런 유의 논문을 멀리하라고 조언하고 싶다. 공연히 이렇게 어설픈 학술 정보를 접하게 되면 이미 알고 있는 자신의 단점에 대해 자책하게 되고 혹시 이보다 더 나쁜 문제점이 있더라도 잘 고쳐 나갈 수 있을지 두려움만 커질 뿐이다. 그런 논문을 읽으면 걱정과 자기혐오만 생겨날 뿐, 미루는 습관을 고치는 데 아무런 도움이 되지 않는다.

책

미루기를 주제로 한 자기계발서에 대해서도 마찬가지 이야기를 할 수 있겠다. 많은 자기계발서들이 일을 미루는 당신이 얼마나 형편없는 인간인지 말해주고 그 습관을 고치도록 동기 부여하는 것으로 시작한다. 그리고는 조언과 연습 문제, 기타 도구들을 소개하면서 끝도 없이 장황하게 이어간다. 문제는 조언을 읽고 연습 문제를 푸는 것 자체가 미루는 습관이 없어야만 할 수 있는 일이라는 사실이다. 진짜 미루기쟁이라면 길고 지루한 자기계발서를 읽기 시작할 수는 있어도 몇 페이지 못 넘겨 전보다 더 비참한 심정이 되고 말 것이다.

한 가지 예외는 티모시 파이클Timothy Pychyl이 쓴 『미루기쟁이의 다이제스트The Procrastinator's Digest』다. 파이클 박사는 마라노의 논문에서 자문을 맡았던 전문가 중 한 사람인데, 그의 책은 출발이 좋다. 처음부터 독자가 원래 하고 있어야 할 다른 일을 회피하기 위한 방편으로 그 책을 읽고 있을 거라 가정하고 시작하기 때문이다. 과연 독자 특성에 대한 통찰이 돋보이는 대목이다.

파이클 박사는 그러한 가정을 토대로 독자의 관심을 잃지 않으려면 책을 짧고 활기 넘치는 필체로 써야겠다고 판단한다. 이 판단도 후한 점수를 줄 만하다. 각 장은 짤막하다. 장 초반에는 만트라(기도나 명상 때 외는 주문)가 하나씩 제시되어 있는데, 그는 독자에게 이걸 혼잣말처럼 외우거나 접착식 메모지에 적어 냉장고에 붙여 놓기도 하라고 조언한다. 몇 가지는 내용이 상당히 좋다.

지금의 안락에는 나중의 대가가 따른다.

Feeling good now comes at a cost

내일이라고 해서 더 하고 싶어지지는 않을 것이다.

I won't feel more like doing it tomorrow.

그냥 시작하자.

Just get started.

그러나 전부 훌륭하지는 않는다. 예를 들어 이건 별로 고무
적이지 못하다.

자기 조절 실패의 원인도, 거기서 얼마나 빨리 회복하느냐도 결
국 내 성격 탓이다.

My personality provides both risk for and resilience against
self-regulation failure.

    만약 내가 이 말을 냉장고에 붙여 두고 우리 식구들이 그걸
보았다면 나를 의아한 눈빛으로 쳐다볼 것 같다.

    어쨌거나 미루는 습관을 버리는 데 전념해 보기로 했다면
파이클 박사의 책이 분명 도움이 될 것이다.

    하지만 좀 더 간접적인 접근법을 선호하는 사람들도 있을
것이다. 미루는 습관을 끊고 싶은 마음이 든다는 건 미루기로
인해 불행해지고 있음을 깨달았기 때문일지 모른다. 그렇다면
행복해지기 프로젝트에 착수함으로써 미루기가 저절로 사라지
게 하는 것도 하나의 방법이다. 행복이 무엇인지 알기 위해 철

학자들에게 도움을 구해 보기로 하자. 일단 위키피디아의 글 '행복의 철학Philosophy of Happiness'부터 읽어보자. 그런 다음 스탠포드 온라인 철학 백과사전Stanford Online Encyclopedia of Philosophy에 가서 'happiness'를 입력하면 검색되는 결과물을 통해 수많은 철학자들이 했던 말을 되새겨 보자. 그러고 나서 그 철학자들의 저서를 직접 읽어보자. 여기까지 마치고 나면 당신은 행복해지기도 전에 사망할지도 모른다.

8장 「미루기의 부가 혜택」에서 언급한 바와 같이, 열정적인 사람들이 쌓은 성과에서 도움을 얻는 것도 좋은 생각이다. 이미 수많은 사람들이 행복에 관한 철학 및 심리학 문헌을 읽고 자신이 깨달은 바를 발표하는 방법으로 각자 행복의 의미를 탐구해 왔다.

그중에서 그레첸 루빈Gretchen Rubin의 『무조건 행복할 것The Happiness Project』은 썩 괜찮은 책이다. 이 책은 저자가 행복을 찾기로, 혹은 적어도 지금 느끼고 있는 것보다 더 큰 행복을 찾기로 결심하고 부단히 노력했던 한 해 동안의 체험기다. 이 점에서 그레첸 루빈이 미루기쟁이가 아니라는 사실은 분명하다. 이른바 '열정적인 성취자'라는, 우리와는 다른 부류에 속한다고 말할 수 있겠다. 그러나 저자의 수고로부터 혜택을 얻느냐 마느냐는 우리의 선택이다. 이 책은 안분지족安分知足을 탐색해 나가는 저자의 이야기와 함께, 행복의 심리에 관한 풍부한 정보를 아주 읽기 쉽게 설명해 놓고 있다. 파이클과 루빈 두 저자 모두 웹사이트가 있으니, 책이 마음이 든다면 온라인을 통해 더 많은 정보를 얻을 수 있을 것이다.

웹사이트와 온라인 도구

많은 대학교에서 미루는 습관이 있는 사람들의 행동 개시를 돕기 위한 프로그램들을 운영 중이다. 많은 자료가 온라인상에 올라와 있는데, 몇몇은 일반적인 자기계발서에 비해 상당히 유익하고 길이도 훨씬 짧다. 노스캐롤라이나 대학교의 프로그램이 꽤 추천할 만하다(writingcenter.unc.edu/resources/handouts-demos/writing-the-paper/procrastination).

이 프로그램은 학기말 리포트 등을 미루는 학생들을 위한 글쓰기에 초점을 맞추고 있으나 그보다 보편적인 상황도 함께 다룬다.

미루는 습관을 떨쳐 내는데 도움이 될 만한 다른 온라인 도구도 많다. 구글 캘린더Google Calendar를 이용해 일정 알림을 설정해 놓으면 예정된 마감 시한이나 행사 전에 다양한 간격으로 알림을 받을 수 있다. 다른 캘린더 프로그램들도 분명 비슷한 기능이 있을 것이다. 이것은 단순히 일정을 상기시키는 의미도 있지만 스스로를 들볶는 의미도 있다. 가령 달력에 일정을 오전 10시로 입력해 놓고 '시간 낭비 그만하고 일하기 시작'이라고 제목을 붙인 다음, 9시 30분부터 몇 분 단위로 계속 팝업을 띄워서 딴짓을 방해하게 하는 것이다. 구글은 그게 실제 일정이 아니라는 사실을 모른다. 앞서 이야기한 것처럼 일단 시작된 게으름은 의지력만으로 중단하기 어렵다. 미리 알람시계를 맞추어 두거나 닦달하는 이메일 알림을 줄줄이 설정해 놓음으로써, 그게 딴 짓을 방해하고 최면 상태를 깨뜨리도록 하는 편이 의지력을 덜 요한다.

구글, 야후!, 마이크로소프트 아웃룩 등은 할 일 목록 기능을 제공한다. 그러나 좀 더 재미있는 것들도 나와 있다. 구글에서 '할 일 목록to-do lists'을 입력해서 여러 가지 옵션들을 탐색해 보자. 레이지미터도 아주 괜찮다. 이 사이트를 시작페이지로 설정해 놓으면 인터넷을 열자마자 면전에 떡 하고 화면이 뜰 테니, 자발적인 노력도 필요 없다. 게다가 그동안 달성한 성과를 통계로 보여주니 위안이 된다. 완료한 과제에 굵고 빨간 줄을 그어서 눈에 띄게 표시해 주거나 일을 마쳤을 때 신나는 트럼펫 팡파르가 울리지 않아서 조금 아쉬운 감이 있지만 모든 걸 다 가질 수는 없지 않은가.

미루기를 중단하는 데 도움이 될 자료를 찾는 과정에는 당연히 커다란 위험이 따른다. 이 사이트에서 저 사이트를 넘나들

며 서핑을 하다가 해야 할 일도 하지 못한 채 많은 시간을 낭비할 수도 있다. 어쩌면 미루는 습관을 깨끗이 떨쳐 내는 데 도움이 될 완벽한 도구를 찾는 대장정에 뛰어드느니, 체계적인 미루기쟁이임을 인정하고 당분간 그냥 지내는 게 나을 수도 있다.

옮긴이 **강유리**

성균관대학교 영문학과를 졸업하고 전문번역가로서 국내외 유수 기업 및 정부기관 번역 업무를 담당했다. 현재 번역에이전시 하니브릿지에서 출판 기획 및 전문번역가로 활동하고 있다. 주요 역서로는 『어댑트: 불확실성을 무기로 활용하는 힘』, 『허드, 시장을 움직이는 거대한 힘』, 『스웨이: 사람의 마음을 흔드는 선택의 비밀』, 『가족 힐링』 등 다수가 있다.

미루기의 기술

1판 1쇄 발행 2013년 7월 20일

지은이 존 페리
옮긴이 강유리
펴낸이 김영곤 **펴낸곳** (주)북이십일 21세기북스
출판등록 2000년 5월 6일 제10-1965호
주소 (우 413-120) 경기도 파주시 회동길 201(문발동)
대표전화 031-955-2100 **팩스** 031-955-2151 **이메일** book21@book21.co.kr
홈페이지 www.book21.com **트위터** @21cbook **블로그** b.book21.com

ISBN 978-89-509-5074-3 03100
책값은 뒤표지에 있습니다.

책 내용의 일부 또는 전부를 재사용하려면 반드시 (주)북이십일의 동의를 얻어야 합니다.
잘못 만들어진 책은 구입하신 서점에서 교환해 드립니다.